마흔의 돈 공부

마흔의 돈 공부

인생 2막에 다시 시작하는 부자 수업

단희쌤(이의상) 지음

다산북스

인생 2막에
돈 버는 방법은 다릅니다

⌐┘ 마흔둘, 10억의 빚, 신용불량자,
그리고 10년 후

인생의 바닥을 온몸으로 겪어야 했던 시절.
불과 10여 년 전의 일들이지만, 지금도 생생합니다.

당시 잘 다니던 회사를 때려치우고 나와 사업을 시작했다가 동업
자의 사기로 10억 원이 넘는 빚을 지고 신용불량자 딱지까지 붙은
저는 그야말로 바닥을 경험했습니다. 사채까지 끌어다 쓴 탓에 조
폭들에게 협박을 당하기도 했고, 그들을 피해 도망 다니느라 노숙
자로 지내기도 했습니다. 더 이상 도망만 다닐 수는 없겠다는 생각
에 그들을 설득해 일자리를 구한 후로도 소위 '쪽방촌'이나 약간의

햇볕도 들지 않는 고시원에서 지내기도 했지요. 2,500원짜리 해장국 한 그릇을 두고도 먹을까 말까를 며칠이나 고민했을 만큼 돈을 아꼈음에도 이자를 갚고 나면 남는 것이 없는 삶. 미래를 꿈꾸기에는 너무도 절망적인 하루하루였습니다.

그러던 중 우연히 발견한 한 권의 책이 저의 생각을 송두리째 바꾸었고, 마흔 중반에 접어든 시기였지만 현실을 바꿔보기로 결심했습니다. 그때부터 힘든 와중에도 정말 치열하게 마케팅과 부동산을 공부했고, 5~6년 후에는 그 많던 빚을 다 갚을 수 있었습니다.

제 나이 쉰을 목전에 뒀을 때였습니다. 그리고 그 몇 년간의 치열했던 경험을 통해 이제 저는 은퇴자를 위한 부동산 투자 전문가이자 상담가로, 강사로, 부동산 컨설팅 회사의 대표로, 구독자 30만 명(2019년 11월 기준)을 보유한 유튜버로 살아가고 있습니다. 지금은 그때 졌던 빚보다도 훨씬 큰 자산을 보유하고 있고, 수익은 더 안정적이면서도 더 큰 폭으로 늘어났지요.

이 책은 그런 과정에서 제가 겪은 것, 보고 듣고 공부한 것, 돈과 부富에 대한 투자자로서의 철학, 실제 투자 노하우가 모두 담긴 책입니다. 이런 노하우와 철학을 공유하기 전에 꼭 당부하고 싶은 것이 있습니다.

지금 삶이 힘들다면, 은퇴를 앞두고 있다면, 생각과 마음가짐부터 바꾸시기 바랍니다. 바로 그 부분부터 이야기를 시작해보겠습니다.

지금이 돈 벌기에
가장 좋은 시대

"요즘 좀 어떠세요?"

처음 제게 상담을 받으러 온 분들께 이런 질문을 던졌을 때 "아주 좋습니다"라고 답하는 분은 거의 없습니다. 노후 대책을 세우려고 온 내담자들인 만큼 상황이 좋지 않은 분이 많은 탓인지도 모릅니다. 한데 가만 생각해보면 제가 어렸을 때부터 항상 사람들은 "요즘 경기가 너무 안 좋아서 힘들다" 또는 "요즘은 사는 게 만만치 않다"고 해왔던 것 같습니다.

하지만 또 모두가 그런 것은 아닙니다. 성공한 사업가나 자수성가한 부자들은 오히려 이렇게 말합니다.

"요즘이 정말 돈 벌기에 가장 좋은 때라니까!"

물론 그들도 "요즘 죽겠다"며 죽는소리를 하기도 하지만, 그게 엄살이라는 건 척 봐도 알 수 있지요. 가까운 사이가 되고 보면 이야기가 달라집니다.

그러고 보면 아무리 경기가 안 좋을 때도 "요즘이 돈 벌기 가장 좋다"고 말하는 사람들은 늘 있었습니다. 심지어 IMF 외환위기 때조차 그 위기를 오히려 기회로 삼아 큰 부를 축적한 사람이 적지 않았지요.

정리해보면 이렇습니다. 지금 당장 힘들고 미래에 대한 대비가 부족한 사람들은 "요즘 너무 힘들다"는 말을 달고 삽니다. 그리고 점점 경제적으로 어려움을 겪게 됩니다. 반면 부자들은 "요즘이 가장 돈 벌기 좋다"고 말하면서 점점 부를 축적해가지요.

그렇다면 이렇게 항상 부를 쌓아가는 사람들은 대체 무엇이 다른 걸까요? 날 때부터 물고 있던 금수저? 천부적인 재능? 소위 '돈 냄새'를 맡는 타고난 감각? 그들의 꽁무니를 따라다니는 행운?

어쩌면 그럴지도 모릅니다. 그런 것들이 있다면 더욱 손쉽게 부를 쌓아갈 수 있을지도 모르지요. 하지만 누구나 알고 있듯이 그게 전부는 아닙니다. 그중 어떤 것도 갖추지 못했지만 부자가 된 사람이 적지 않으니까요. 조금만 관심을 가지고 살펴보면 여러분 주위에도 그런 사람이 얼마든지 있을 것입니다.

그렇다면 이런 사람들은 도대체 뭐가 다른 걸까요?

여러 가지 차이가 있겠지만, 결정적인 차이는 세 가지, 바로 '돈에 대한 생각'과 '부富를 향한 마음가짐' 그리고 '실행력'입니다.

부를 축적하는 사람들의 세 가지 특징
- 첫째, 돈에 대한 생각이 다르다.
- 둘째, 부富를 향한 마음가짐이 다르다.
- 셋째, 실행력이 남다르다.

돈에 대한 생각부터
바꿔야 합니다

"돈은 쓸 만큼만 있으면 된다."
"깨끗하고 착한 사람은 부자가 될 수 없다."
"물질적인 풍요와 영혼의 풍요는 결코 함께할 수 없다."

이 말들에 동의하시나요? 그렇다면 참 미안하게도 로또 1등에 연달아 세 번 당첨된다 해도 부자가 되는 길은 요원하다고 할 수 있습니다.

저 또한 젊은 시절에는 저 말들에 동의했지만, 지금은 다릅니다. 돈은 많아야 합니다. 물론 수천억 원대 자산을 가진 거부가 돼야 한다는 말은 아닙니다. 다만 하루하루 돈 걱정으로 지새워야 하거나 당장 내가, 우리 가족이 많이 아픈데도 치료비 걱정에 병원을 가는 것도 두렵다면 행복하기는 어렵다는 뜻입니다. 행복하려면 돈 걱정이 없어야 하는 게 현대사회입니다.

생각해보면 아침에 눈을 떠서 밤에 잠들 때까지, 우리가 하는 거의 모든 것에 돈이 듭니다. 어딘가를 가려면 교통비가 들고, 굶을 수는 없을 테니 식비가 들어가며, 커피 한잔하려 해도 돈이 들지요. 여기에 세금과 각종 공과금, 자녀 교육비부터 온갖 생활비까지, 그야말로 숨 쉬는 것 빼고는 모두 돈입니다. 아니, 요즘에는 숨 쉬는

데도 돈이 듭니다. 미세먼지 문제가 심각해지면서 공기청정기가 점점 필수품이 되어가고 있으니까요. 카페나 식당에서 내는 돈에는 공기청정기 이용료, 즉 '깨끗한 공기를 마시는 비용'도 포함되어 있는 셈입니다.

이렇듯 살아가는 모든 행위에 돈이 필요함에도 많은 사람이 여전히 돈에 대해 이야기하는 것을 터부시하고, 돈을 좋아한다고 밝히면 천박하다 여깁니다. 내담자 중에는 목사님도 여러 분 있는데, 성직자라는 특성상 청렴함과 검소함을 강요받은 그분들은 특히 노후 대비가 거의 되어 있지 않습니다. 평생 종교적 신념만으로 살아온 분들이 은퇴를 앞두고 먹고살 걱정을 하는 모습을 볼 때면 마음이 참 아픕니다.

하지만 이렇게 생각해보면 어떨까요? 돈이란 그 자체가 목적이 아니라, 나와 가족들이 함께 행복하게 살아가기 위해 필요한 도구라고 말입니다.

앞서 말했듯이 저는 참으로 힘겨운 시기를 지냈는데, 왜 안 좋은 일은 한꺼번에 찾아오는 걸까요? 하필 그 시기에 아버지께서 혈액암 판정을 받으셨습니다. 완치는 어려워도 최소한 고통을 덜고 악화되는 것을 막을 방법은 있었습니다. 병원에서 알려준 어떤 약을 하루 세 번 복용하기만 하면 되는, 아주 간단한 방법이었지요.

그러나 방법이 간단하다고 해서 쉽게 시도할 수 있는 건 아니었습니다. 워낙 고가의 약이라 치료비만 하루에 40만 원 가까이 들었으니까요. 아들 입장에서야 하루 40만 원이 아니라 400만 원이라 해도 기꺼이 지불하고 싶었지만, 빚더미에 앉은 신용불량자로서는 엄두도 내지 못할 금액이었습니다. 그래서 지금도 그때를, 아버지를 생각하면 눈물이 납니다. 단지 돈이 없어서 사랑하는 아버지를 떠나보내야 했던 아들의 마음이 오죽하겠습니까?

그때 저는 깨달았습니다.

'돈이 많아야 나도, 가족도
풍요롭고 행복하게 살 수 있겠구나!'

지금 제 꿈은 나와 가족을 넘어 '사회에 선한 영향력을 끼쳐 당시의 나처럼 돈 때문에 고통받는 사람이 없도록 하겠다'는 것입니다. 이 또한 돈이 없으면 할 수 없는 일이지요. 이처럼 돈이 있으면 나와 가족의 행복을 지켜내는 건 물론이고 사회적으로도 의미 있는 일을 할 수 있습니다. 결국 돈은 어떻게 버느냐보다 어떻게 쓰느냐가 더 중요한 법이지요. 그러니 우리는 돈을 부정적으로 바라볼 필요가 없습니다. 돈이란 소중한 것, 세상을 긍정적으로 바꿀 수 있는 것임을 깨달아야 합니다.

하루 종일 돈을 생각해야
돈이 따라옵니다

"돈을 벌 수 있는 방법 열 가지를 적어보세요."

상담을 받으러 온 분들에게 자주 이렇게 말합니다. 하지만 대부분은 기껏해야 한두 가지를 적을 뿐이고 심지어 하나도 적지 못하는 분들도 많습니다. 더구나 그 방법이라는 게 현실성이 없거나 너무 뻔한 것들뿐이지요.

반면 자수성가한 부자들 또는 성공한 사업가들에게 같은 질문을 던졌을 때, 그들은 수십 가지를 뚝딱 적어냅니다. 그중에는 깜짝 놀랄 만큼 멋진 아이디어도 많지요. 그렇다고 그들이 모두 명문대 출신이거나 유달리 머리가 뛰어난 분들은 아닙니다. 오히려 대부분은 지극히 평범한 분들이지요.

대신 이분들에게는 공통점이 하나 있습니다. 바로 '1년 365일, 24시간 내내, 자나 깨나 돈을 생각하고 돈을 벌 방법을 생각한다'는 것입니다. 그렇게 평소에 생각해둔 방법들이 적절한 시기에 적절한 기회와 만나면 돈 버는 기회로 바뀌는 것뿐입니다.

우리는 이미 돈을 부정적으로 바라볼 필요가 없음을, 오히려 돈이란 나와 가족을 위해, 주변 사람들을 위해, 이 세상을 위해 좋은 것임을 알게 됐습니다. 하지만 여기서 멈춰서는 안 됩니다. 계속해서 돈을 생각하고 돈을 벌 방법을 궁리해야 합니다.

행동하지 않으면
달라지지 않습니다

　직업 특성상 은퇴를 앞둔 사람들의 노후에 대한 고민을 자주 듣게 됩니다. 그중에는 돈을 좋아하고 또 부자가 되고 싶다는 욕구는 큰데도 불구하고 절대로 자신을 부자로 만들어줄 수 없는 직장생활만을 이어가는 사람들도 많습니다. 어째서일까요? 이들은 왜 돈을 더 벌기 위한 새로운 시도를 하지 않을까요?

　이유는 많습니다.

"새로운 것을 시도하기에는 나이가 너무 많아서요."
"제가 가방끈이 짧아요."
"가진 돈이라고는 전세자금 2억 원이 전부라서 뭔가 시도하기에는 벅차네요."
"제가 할 줄 아는 게 없어요. 그냥 회사만 열심히 다녀서……."

　하지만 솔직히 말하자면, 이 모든 것은 핑계일 뿐입니다. 지금의 불만족스런 상황을 내가 아닌 남 탓으로 돌리기 위한 핑계, 아무런 시도도 하지 않음으로써 실패할 일을 원천봉쇄하기 위한 핑계에 불과합니다. 나이 탓, 학력 탓, 재산 탓, 사회 탓으로 모든 것을 돌려버리면 당장은 마음이 편하고 자책감이나 자괴감을 피할 수 있을 겁니다. 하지만 그 후에는? 아마도 점점 더 내가 원하는 삶에서 멀어지는 현실에 오히려 더욱 큰 자괴감이 들 수밖에 없습니다.

아무것도 시도하지 않으면 아무것도 달라지지 않는다고들 합니다. 과연 그럴까요? 아닙니다. 아무것도 하지 않아도 삶은 달라집니다. 점점 더 안 좋아질 테니까요.

가난과 어려움은 중력과도 같습니다. 아무것도 하지 않으면, 저항하고 이겨내기 위해 날갯짓을 하지 않으면 한없이 바닥으로 끌려가게 되어 있습니다.

남 탓을 할 시간이 있다면 그 시간에 하루라도 빨리 행동으로 옮겨야 합니다. 아무리 충성을 바쳐도 회사가 내 노후를 책임져주지는 않습니다. 방법을 찾아야 하는 것도, 행동해야 하는 것도 나 자신입니다. 명심하세요. 아무것도 하지 않으면 점점 더 추락할 뿐입니다.

☐ 지금 이 순간의 선택이
당신의 인생 2막을 결정합니다

이 책을 집어 들었다면 아마도 은퇴를 눈앞에 뒀거나 이미 은퇴를 한 40대 또는 50대가 아닐까 합니다. 어쩌면 이른 은퇴를 준비하는 30대일 수도 있겠지요.

어쨌든 우리 부모님 세대와 달리 우리는 은퇴 이후로도 긴 시간을 살아가야 합니다. 수명은 점점 길어지는데 반대로 은퇴 시기는 점점 앞당겨지고 있으니까요. 100세 시대가 열렸다는데 대한민국 직장인의 평균 은퇴 연령은 49세라고 합니다. 즉, 겨우 삶의 중간 문턱에 이르자마자 은퇴를 해야 한다는 것입니다. 그러니 미리 은퇴 이후를 준비한 사람과 그렇지 않은 사람의 남은 삶, 인생 2막은 전혀 달라질 수밖에 없겠지요.

저는 예전에 한국전력공사에 다닌 적이 있는데요. 그곳에서 만난 세 동기의 이야기는 미리 은퇴를 준비한 사람과 그렇지 않은 사람의 차이를 명확하게 보여줍니다.

동기 A는 이른바 '자녀사랑, 착실한 저축형'입니다. 누구보다도 직장생활에 충실했고, 착실하게 저축을 했지요. 하지만 너무 착실했던 탓일까요? 재테크나 부동산 투자에는 관심조차 두지 않았습니다. 게다가 많은 부모들이 그렇듯 자녀들에게 간이고 쓸개고 다 빼줄 기세라 두 아이 모두 유학을 보냈고, 첫째 아이 결혼 자금으로 1억 5,000만 원이나 지원을 해주었습니다.

그렇게 열심히, '착실하게' 살다가 은퇴를 5~6년 앞뒀을 때 이 친구에게 남은 재산이라고는 거주 중인 일산의 아파트 한 채뿐이었습니다. 시가가 4억 원 정도였는데, 대출 1억 원을 빼면 실제 자산은 3억 원 남짓이었던 셈이지요. 은퇴까지 남은 기간에 월급을 착실히 모아봐야 삶이 더 나아지기는 힘든 상황이었습니다. 둘째 아이도 곧 결혼을 앞둔 상황이었으니 오히려 더 어려워질 판이었지요. 오늘날 40대 부부가 은퇴 후 돈에 시달리지 않고 살아가려면 월 300만 원 이상이 필요하다고 하는데, 플랜B를 준비하지 않고 그저 직장생활만을 '착실하게' 한 A는 노후를 생각하면 눈앞이 아찔해진다고 합니다.

동기 B는 소위 '준비 없는 무모한 창업형'입니다. 자산이 많았던 친구가 아니라서 퇴직금에 6억 원짜리 아파트를 담보로 대출을 받아 2억 원을 들여 창업을 했습니다. 문제는 창업에 앞서 별다른 고민이나 준비가 없었다는 것이지요. 중소기업청의 발표에 따르면 창업 후 3년 이내에 폐업하는 비율이 70퍼센트에 달한다는데, 그런 상황에서 준비 없는 창업이라니요. 기름통을 짊어지고 불구덩이로 뛰어든 셈입니다.

B가 창업을 결정한 이유는 단순했습니다. 상사에게 치이고 부하 직원들에게 밀리는 직장생활에 짜증이 나서, 폼 나게 살아보고 싶어서, 사장님 소리 들어보고 싶어서. 정말 흔한 이유지요. 그래서 모 프랜차이즈 음식점의 창업 설명회에 갔다가 덜컥 가게를 내버린 것입니다.

지금 이 친구는 원금을 모두 날리고 빚만 3억 원을 진 상황입니다. 아파트가 6억 원인데 그중 3억 원이 대출이라 이자만 해도 월 80만 원씩 들어간다고 합니다. 아이들도 아직 지원이 필요한 상황이라 월 400만 원은 필요한데 들어오는 돈 없이 이자로만 80만 원씩 나가는 삶이 지옥 같다며 친구는 한숨을 쉬었습니다.

제가 '준비된, 꾸준한 재테크형'이라 부르는 C는 참 재미있는 친구입니다. 72명의 동기 중 입사 성적부터 매주 연수원 시험 성적까지 저와 꼴찌를 다투던 친구거든요. 한데 이 친구는 그때도 뭔가 남달랐습니다. 한국전력공사는 연봉이 제법 높고 또 안정적인 편이라서 동기들 대부분은 연봉이 좀 오르면 차부터 바꾸고 넓은 집으로 이사를 갔습니다. 저 또한 그랬지요. 그러나 이 친구만은 차에도, 집에도 관심을 두지 않았고, 옷도 두세 벌로 돌려 입었습니다.

그런데 어째서인지 주말마다 열심히 서울에 올라가더군요. 그때는 이 친구가 뭘 하는지 아무도 몰랐는데, 알고 보니 주말마다 부동산 투자 강의를 듣고 임장을 다니는가 하면 실제로 투자까지 하고 있었다고 합니다. 그리고 입사 후 10년쯤 지났을 때, 부동산 임대수익만으로도 연봉만큼 벌기 시작했지요. 마흔부터는 본격적으로 은퇴 준비를 해서 지금은 임대수익으로만 월 450만 원이 들어온다고 합니다. 2년 내에 은퇴할 생각이라는데 그때까지 월 550만 원의 임대수익을 만들 자신이 있다고 하니 남은 인생 2막은 여행도 다니고 취미생활도 하면서 즐기는 삶이 되겠지요.

이 셋의 인생 2막을 가른 것은 대단한 게 아닙니다. 직장생활만으로 답이 없다는 것을 깨달았느냐 그렇지 못했느냐, 미리 준비를 했느냐 하지 않았느냐, 인생 2막에 맞는 준비를 했느냐 잘못된 준비를 했느냐가 거의 전부라고 할 수 있습니다.

동기 A는 아무런 대비를 하지 않았습니다. B는 인생 2막을 대비하긴 했으나 위험한 길을 택했고, 그나마도 제대로 준비하지 못했습니다. 결국 C만이 올바른 선택을 한 것입니다.

☐ 인생 2막에는 재테크도, 돈 버는 방법도 다릅니다

인생 2막을 위한 재테크는 젊은 시절의 재테크와 달라야 합니다. 제가 추천하는 방법은 아니지만, 위험 부담을 안고 '크게 한 방'을 노리는 것도 젊은 시절에는 해볼 만합니다. 실패를 하더라도 상대적으로 일어서기가 쉬우니까요. 반면 은퇴자가 그런 실패를 겪게 되면 다시 일어서기란 여간 어려운 게 아닙니다. 젊은 사람들과 달리 다시 취업을 하려 해도 나이 때문에 쉽지 않고, 자녀들 교육비 등을 감안하면 들어갈 돈은 더욱 많기 때문이지요.

그렇다면 인생 2막에 맞는 재테크와 돈 버는 방법에 있어 중요한 것은 무엇일까요?

저는 단연코 '안정적인 현금흐름'을 첫째로 꼽습니다. 큰 수익이 아니더라도 안정적으로, 꾸준히 들어오는 수익을 만드는 것이 중요하다는 뜻입니다.

간단하게 말하자면 자금을 마련해 수익형 부동산에 투자하는 것입니다. 자금을 마련하는 방법으로는 재취업을 하는 것도 있지만, 이는 현실적이지 못합니다. 저도 40대에 재취업을 해보려 수십 군데 이력서를 넣어봤지만 결과는 절망적이었습니다. 하물며 요즘은 4050세대가 설 자리는 더더욱 좁아졌을 테니까요.

그렇다면 자금을 마련하는 현실적인 방법은 무엇이 있을까요? 바로 '주거비를 줄여 여유 자금을 만드는 것'입니다. 모든 사람이 그렇지는 않겠지만 40대나 50대라면 대출이 조금 껴 있더라도 집 한 채는 있게 마련입니다. 만약 아파트에 살고 있다면 같은 평수 빌라로 옮기는 것만으로도, 빌라에 살고 있다면 평수를 줄여 이사하는 것만으로도, 또는 지금보다 집값이 저렴한 지역으로 옮기는 것만으로도 목돈 마련이 가능합니다. 이렇게 확보한 돈으로 몇 년 안에 안정적인 현금흐름을 만들어갈 수 있습니다. 그 방법은 차차 알려드리겠습니다.

어쩌면 이렇게 묻고 싶은 사람도 있을지 모릅니다.

"나는 집도 없는데 어떻게 하란 말입니까?"

그런 분들은 사실 재취업을 해서라도 자본금을 마련하는 게 좋습니다. 만약 재취업이 어렵다면 '1인 지식기업가'가 되는 방법을 추천합니다.

1인 지식기업가란, 쉽게 말해 내가 가진 지식과 노하우를 강의,

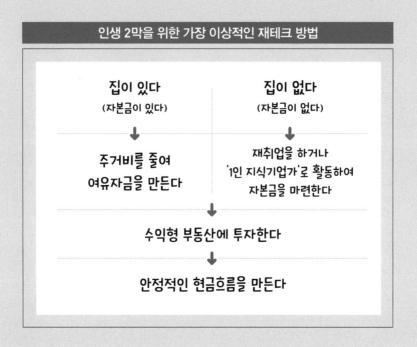

인생 2막을 위한 가장 이상적인 재테크 방법

집이 있다	집이 없다
(자본금이 있다)	(자본금이 없다)
↓	↓
주거비를 줄여 여유자금을 만든다	재취업을 하거나 '1인 지식기업가'로 활동하여 자본금을 마련한다

↓

수익형 부동산에 투자한다

↓

안정적인 현금흐름을 만든다

컨설팅, 책, 유튜브 등을 통해 공유하고 대가를 받는 사람입니다. 특출한 재능이나 남들에게 무언가를 가르칠 만한 전문적인 지식이 없다 해도 좌절하기에는 이릅니다. 자신만 인식하지 못하고 있을 뿐이지 모든 사람은 조금만 갈고닦으면 빛이 날 '원석'이기 때문입니다. 이를 찾아내고 조금만 노력한다면 누구든 직장에 얽매이지 않고 '평생 은퇴 없는 1인 지식기업가'가 되어 살아갈 수 있습니다. 이 방법도 뒤에서 자세히 설명할 테니 지금 상황이 어렵다 하더라도 좌절하지 말고 자신에게 맞는 방법을 찾아가기 바랍니다.

부자가 되고 싶다면
'단무지 법칙'을 기억하세요

"안정적인 현금흐름을 위한 부동산 투자? 1인 지식기업가? 그게 말처럼 쉬우면 경제적으로 어려운 사람이 왜 있겠습니까?"

실제로 유튜브와 SNS 댓글 또는 메일로 제게 이렇게 따지는 분들도 있습니다. 강의를 할 때도 마찬가지지요.

하지만 저는 그분들에게 묻습니다.

"그럼 직장생활은 쉬웠나요? 지금까지 삶이 항상 쉽고 평탄했나요? 쉽게, 손 안 대고 코 풀기를 원하시는 건가요?"

만약 그런 방법을 원한다면, 미안하게도 저는 그런 방법을 알려줄 수 없습니다. 제가 공유하려는 방법도 쉽기만 한 것은 아니니까요.

모든 일에는 당연히 대가가 따르기 마련입니다. 하지만 힘들다고 해서 아무것도 하지 않을 때의 대가가 가장 혹독한 법입니다. 반면 인생 2막을 걱정 없이, 즐기면서 살아가기 위한 대가가 고작 몇 년간의 고생이라면 참으로 저렴한 셈이지요.

인생 2막을 위한 재테크와 1인 지식기업가가 되는 법은 사실 '어려운' 것은 아닙니다. '힘든' 것이지요. 방법 자체는 단순하고 누구나 따라 할 수 있습니다만, 분명 힘은 듭니다. 꾸준함이 생명이기 때문입니다.

제가 적지 않은 나이에 부동산 전문가가 될 수 있었던 비결, 1인

지식기업가가 되어 강의와 컨설팅, 유튜브로 높은 수익을 올리는 비결을 묻는 분들이 많습니다. 그런 분들께 저는 세 글자만 기억하라고 합니다. 바로 '단·무·지'입니다.

'단'은 '단순하게'입니다. 우리가 무언가를 시도하지 못하는 이유, 지속하지 못하는 이유 중 하나는 너무 생각이 많거나 복잡하게 생각하기 때문입니다. 아무것도 하지 않는 것보다는 뭐라도 시작하는 편이 좋습니다. 그러려면 단순하게 생각할 수 있어야 합니다.

'무'는 '무식하게'입니다. '단순하게'와도 어느 정도 뜻이 통합니다. 모든 게 준비되면 시작하겠다는 것은 평생 시작하지 않겠다는 말과 같습니다. '언젠가'라는 시간은 세상에 없습니다. '지금'이야 말로 시작하기에 가장 좋은 때입니다. '무식하게' 시작해보세요.

'지'는 '지속적으로'입니다. 일단 시작만 해놓고 금세 포기해버린다면 시작하지 않는 것만 못합니다. 제게 상담을 받은 분들 중에는 1인 지식기업가로서의 기반을 다지고 유튜브를 시작한 분들이 많습니다. 하지만 모두가 자리를 잡지는 못했습니다. 바로 '지속성'의 차이 때문입니다. 초기에는 영상을 매일 하나씩 업로드해야 합니다. 실제로 착실하게 하루에 하나씩 영상을 올린 분들 중에는 몇 개월 만에 구독자 3만 명을 돌파하여 다달이 들어오는 광고 수익으로 직장인 초봉 정도의 수익을 올리는 분들도 많습니다. 이분들 또한 앞으로 '단·무·지'라는 세 가지 원칙을 계속 이어가야만 더욱 성장할 수 있겠지요.

　사람들이 부자가 되지 못하는 이유는 능력이 없어서나 열심히 살
지 않아서 또는 열정이 없어서가 아닙니다. 대부분은 방법을 모를
뿐입니다. 방법만 안다면 모아둔 돈 한 푼 없이 50대에 접어들었거
나, 특별한 재능이 없는 사람이라 해도 노후 걱정 없이 살아가는 길
을 닦을 수 있습니다.
　나이가 많으신가요? 학력이 부족하세요? 지금 가진 것이 없어서
불안하신가요? 별다른 재능이 없어서 무엇도 시도하지 못하고 있
나요?
　그렇다면 걱정만 할 게 아니라 이렇게 외쳐보세요.

> "지금이, 내 나이가, 내 상황이
> 돈 벌기에 가장 좋은 때다!"

　지금부터 마흔 이후 행복한 인생 2막을 살아갈 수 있는 방법에
대해 알려드리겠습니다.

차례

3년만 투자하면 평생 돈 걱정이 사라지는 인생 2막 부자 로드맵

1부

마흔 전 인생 경험을
나만의 자산으로 만드는 법

제로에서
다시 벌 수 있는
돈 내공은
어떻게 만들어질까

인생 2막에 다시 시작하는 부자 수업

왜 나에게 이런 힘들고
어려운 일들이 생길까?

고난을 받아들이는 '태도'가 중요합니다

누구에게나 힘든 시기는 찾아옵니다. 파란만장한 삶을 살아왔건 무탈하게 살아왔건, 언젠가는 고난을 맞이할 수밖에 없는 것이 우리의 삶이지요.

중요한 것은 고난 자체가 아니라 고난을 받아들이는 태도입니다. 고난을 어떻게 받아들일 것인가? 이 질문에 대한 답이 이후의 삶을 결정합니다. 어떤 사람에게는 고난이 세상에 대한 저주의 대상이겠지만 또 누군가에게는 성장의 기회이자 내공을 탄탄하게 다지는 계기가 되는 법입니다.

고난을 '내공을 다지는 시기'로 만드는 가장 좋은 방법은 무엇일까요? 그 고난조차 웃으며 마주하는 것입니다. 그게 가능하냐고요? 물론입니다. 실제로 대가大家라 할 만한 사람들에게서는 그런 모습을 자주 찾아볼 수 있습니다.

예를 들어 『누가 내 치즈를 옮겼을까?』(이영진 역/진명출판사/2015)의 작가인 고故 스펜서 존슨Patrick Spencer Johnson의 경우가 그러합니다. 췌장암으로 세상을 떠난 그는 투병 중 자신의 종양에게 편지를 썼습니다. '이제 너를 이기려 하기보다는 너를 사랑하게 됐다'면서, '덕분에 더 풍요롭고 사랑과 감사가 넘치는 삶이 되었으며, 정신적으로도 더욱 심오한 사람이 되었노라'고요. 자신을 서서히 죽여가고 있는 종양을 감사의 대상으로 바라보는 이런 시선이 그를 세계적인 작가의 반열에 올려주었을 것입니다.

사실 처음에 그 이야기를 들었을 때만 하더라도 저는 '자기 목숨을 틀어쥔 종양에게 감사하다는 게 무슨 얼토당토않은 소리인가' 싶었습니다. 아마도 대부분 그렇게 생각하시겠지요?

그러나 제가 평탄치만은 않았던 삶에서 가장 확실하게 깨달은 게 있다면, 저와 같은 범인凡人은 대가들이 이루어놓은 업적에서 최대한 많은 것을 배워야 한다는 점입니다. 이에 저

마흔 전 인생 경험을 나만의 자산으로 만드는 법

도 결국은 스펜서 존슨에게서 특유의 해학과 긍정적인 마음가짐을 배우고자 그의 행적을 따라 한 적이 있습니다. 그리고 그 경험은 이후의 삶을 바꾸는 데 큰 역할을 했지요.

마흔이 넘은 나이에 쪽방촌에서 지내며 버는 족족 빚을 갚았음에도 여전히 9억 원이 넘는 빚이 남았던 2007년 어느 날, 일용직 자리를 찾으러 새벽 일찍 인력시장에 갔습니다. 한데 하필 비가 오는 바람에 허탕을 치고 말았지요. 그때 저는 세상을 원망했습니다. 한 푼도 아쉬운 상황인데 비 때문에 일을 못 하게 되다니, 하늘이 나를 버렸다며 저주를 퍼부었지요.

그런데 쪽방촌으로 돌아가던 길, 전철역 앞에서 우산을 파는 분을 보게 됐습니다. 어떤 사고를 겪은 것인지 모르겠으나 다리도, 팔도 하나밖에 남지 않은 분이었습니다. 그런데 그분은 저와 눈이 마주치자 밝게 웃으며 먼저 인사를 건넸습니다. 그러고는 얼마 되지도 않는 행인들에게 마치 지금 자신이 하는 이 일이 세상에서 가장 중요하고 고귀한 일이라도 되는 양 열중해서, 목청 높여 우산을 팔기 시작했습니다!

그 순간, 저는 벼락을 맞은 것만 같았습니다. 그분에게서 눈을 뗄 수가 없었고, 머릿속은 하얗게 변해버렸지요.

'저런 불편한 몸으로도 묵묵히 자기 일에 열중하는 사람이 있는데 고작 하루 일을 못 하게 됐다고 세상을 저주했다니, 내가 참 어리석었구나.'

제 마음속에서는 커다란 변화가 생겼습니다. 내가 부족해 사기를 당했으니 빚 또한 오롯이 내 탓이건만 세상을 원망하고 있는 제 자신이 한심해 보였습니다. 잘못 없는 세상을 저주할 시간에 비루한 삶을 한 치라도 나아지게 할 방도를 찾기로 한 것이지요.

그때, 스펜서 존슨의 이야기가 떠올랐습니다. 심지어 목숨을 갉아먹고 있는 종양에게 감사할 수 있다면, 그깟 빚 9억 원쯤이 대수인가 싶었지요.

쪽방으로 돌아간 저는 곧장 노트를 펼쳐 편지를 쓰기 시작했습니다.

To. 나의 빚 9억에게
네 덕분에 나는 더 열심히 살게 됐다.
소중한 것이 무엇인지 알게 됐고
돈을 벌겠다는 의지가 생겼어.
이 역경을 이겨내는 날

나는 훨씬 큰 능력으로 더욱 성장해 있을 거야.
그러니 너에게 감사한다.

물론 이런 편지를 썼다고 해서 즉각 삶이 바뀌지는 않았지만 마음가짐만큼은 변화가 생겼습니다. 이 변화가 제게는 '돈 내공'을 다지는 기초가 됐지요.

만약 지금 힘들다면, 고난과 역경에 처해 있다면, 미래를 꿈꾸기에는 암담한 상황이라 여긴다면 하나만 명심하세요. 지금 힘든 것은 당장의 현실일 뿐이지 내일의 현실은 아니라는 것을요. 세 가지만 주의한다면 내일은 오늘보다 훨씬 희망적일 겁니다.

첫째, 과거에 얽매이지 마세요. 과거로 인해 힘들었던 것은 '방금 전'까지로 충분합니다. '지금'부터는 과거와 결별하고 새로운 오늘, 새로운 내일로 만들어가세요.

둘째, 타인의 판단에 흔들리지 마세요. 무언가를 새롭게 시작하려 할 때, 사람들은 당신을 만류할 겁니다. 특히 당신을 아끼는 사람일수록 '실패했을 때'를 생각해 말리려 하지요. 하지만 그들의 시선과 판단에 스스로를 가둬서는 안 됩니다.

셋째, 스스로 한계를 설정하지 마세요. '할 수 없는 것'을 정해 선을 긋고 시도조차 하지 않으면 무엇도 바꿀 수 없습니다. 막 걸음마를 뗀 아이가 넘어졌다고 해서 포기해버린다면, 아이는 평생 걷지 못할지도 모릅니다. 한계가 명확해 보인다 해도 이렇게 생각해보세요.

'그 한계는 어제까지의 한계였을 뿐,
오늘부터 새로워질 나의 한계는 아니다!'

이렇듯 고난과 역경을 오히려 성장의 기회로 받아들이는 자세를 갖추고 더 나은 내일을 만들 수 있다는 믿음을 가진다면, 인생 2막의 승자가 될 탄탄한 내공을 쌓을 수 있을 것입니다.

마흔 전 인생 경험을 나만의 자산으로 만드는 법

1장

공부보다
자신감으로
버티던 시절

——— 모래 위에 세워진
      불안정한 행복 ———

누구나 그렇듯 저 역시 어린 시절을 떠올리면 아련한 추억도 있고 가슴 먹먹한 기억도 있습니다. 그럼에도 미소부터 나오는 것을 보면 그 시절 저는 행복한 편이었던 게 분명합니다.

제가 태어났던 1960년대는 서울이라고 해도 어려운 사람이 지금보다 훨씬 많았습니다. 저 역시 그런 가정에서 자랐지요. 다행히 끼니를 굶지는 않았으나, 단 한 번도 풍족했던 적은 없는 집이었습니다. 생각해보면 평범한 직장인이었던 아버지 월급으로는 네 식구가 굶지 않는 것만으로도 다행이었지만요.

그런 가운데 살림을 꾸려야 했으니 아껴 쓰기에 있어서 어머니는 거의 전문가였습니다. 이 절약정신은 저와 두 살 터울인 형에게까지 그대로 이어졌지요.

사람은 어지간한 환경에는 생각보다 잘 적응하는 법입니다. 하물며 날 때부터 어려운 형편에 익숙했던 우리 형제는 그다지 불편함을 느끼지 못하고 살았습니다. 솔직히 형님은 어땠는지 모르겠지만, 저는 그랬습니다.

그럼에도 어린 시절을 떠올려보면 좋았던 기억이 대부분입니다. 네 식구는 정말 화목했고, 저 역시 사랑을 듬뿍 받으며 자랐지요. 온화하고 자상한 아버지와 가족을 끔찍이도 사랑하시는 어머니, 동생을 너그러이 이해해주던 형님 덕분에 우리 가족은 비록 가난했지만 행복했습니다. 저 역시 공부는 못했지만 부모님 말씀을 잘 듣고 학교생활도 나름 착실하게 하던, 조용하고 착한 아이였고요.

아버지는 직장생활에 충실하셨고, 가족을 정말 아끼셨습니다. 일과 가족에게만 모든 것을 바쳤던 분이지요. 어머니 또한 가족들 뒷바라지에만 전념하셨고요. 말 그대로 평범함 그 자체인 가족이었습니다. 그때는 그게 문제가 될 수 있다는 생각조차 하지 못했지요. 아는 만큼 보이는 법이라 지금은 그때 우리 가족이 안고 있던 문제가 너무도 잘 보이는데 말입니다.

'착실하게' 직장생활을 해서 '악착같이' 은행에 돈을 모으는 것이

미래를 대비하는 가장 좋은 방법이라 여겨지던 시대였습니다. 부모님 또한 평범한 분들답게 남들 하는 대로, 똑같이 하는 것이 최고라 여기셨지요. 더구나 굶지 않는 것만으로도 다행인 상황에서 무슨 다른 일에 눈을 돌릴 수 있었을까요?

그러나 어려운 와중에도 어떻게든 자금을 마련해 미래를 바라보고 투자한 사람, 그 결과로 부자가 된 사람은 그때도 있었습니다. 물론 어느 날 불쑥 찾아오는 한 번의 위기를 넘기지 못해 풍비박산 나는 가정도 많았지요.

그게 바로 제가 가끔 그 시절을 떠올리면 가슴이 아찔해지는 이유입니다. 그러니 어쩌면 그 시절 우리 가족의 행복은 그런 큰일이나 불행이 찾아오지 않았던 행운 덕분인지도 모릅니다. 다시 말해, 그 행복이란 사상누각沙上樓閣과도 같은, 불안정한 행복이었습니다.

저는 앞에서 당시의 우리 가족이 "비록 가난했지만 행복했다"고 했습니다. 다시 말하겠습니다. 우리 가족은 "비록 행복했지만 가난했습니다"라고요.

실제로 아버지가 실직 당하고 집안이 어려워졌던 저로서는 '부富와 행복은 별개'라고 말하는 사람들을 보면 아찔해집니다. 그들을 일깨우고 그들의 미래에 경제적 자유를 찾아주는 일을 찾게 된 것도 이때의 경험 덕분입니다.

착실함과
성실함의 배신

'그저 착실하게만 살아가는 삶은 위험하다'는 이런 깨달음을 얻는 데 저 역시 매우 오랜 시간이 걸렸습니다. 사실 어린 시절의 저는 그저 착실하기만 한 학생이었거든요.

제게는 큰 콤플렉스가 하나 있습니다. 바로 '머리가 좋지 않다'는 겁니다. 실제로 IQ도 낮았고, 성적 역시 바닥이었습니다. IQ와 성적이 꼭 비례하는 것은 아니지만, 저에게는 정확히 비례했습니다. 초등학교 때부터 고등학교는 물론, 후에 대학교에서도, 심지어 직장에서까지 '꼴찌의 역사'가 이어졌습니다.

공부를 안 해서 그런 거 아니냐고요? 저와 가까운 친구들은 알고 있습니다. 제가 공부를 무척 열심히 했다는 것을요.

공부 머리가 나빠도 다른 데서 두각을 드러낼 수 있음을 그때 알았더라면 참 좋았겠지만, 현실은 그렇지 못했습니다. 공부해서 대학에 진학하고, 직장에 들어가 결혼을 하고, 아이들을 낳고, 착실히 직장생활을 해 열심히 은행 잔고를 늘려가는 것을 정석처럼 여겼던 시대였으니까요. 그래서 저는 아무리 열심히 해도 안 되는 공부에 목을 맬 수밖에 없었습니다. 물론 그럴수록 머리가 나쁘다는 사실만 더 분명해졌고, 열등감은 커져갔지요. 사실 지금도 콤플렉스는 남아 있어서 박학다식한 사람, 한 분야의 진짜 전문가를 보면 절로 존경심이 생겨납니다.

그런 제가 유일하게(?) 잘하고 또 흥미를 가졌던 게 미술이었습니다. 그래서 저는 미대에 가거나 디자인을 전공하고 싶었지만, 당시는 직업에 귀천을 심하게 두던 시대였습니다. 화가는 '그림쟁이', 연예인은 '딴따라'라 불리던 시기였으니 말 다했지요. 부모님은 반대하셨고, 줏대라곤 없었던 저는 꿈을 포기하고 부모님 뜻에 따라 전기공학과에 진학했습니다.

당시는 대학에서 야간 학과를 많이 운영했는데, 입학 문턱이 훨씬 낮았지요. 그러나 저는 거기에도 턱걸이로 겨우 들어갔습니다. 게다가 대학교에서도 공부는 열심히 했지만, 가까스로 학사경고를 면할 정도로 성적은 안 좋았고요.

이 무렵, 저는 슬슬 깨닫기 시작했습니다. 어린 시절부터 가장 가치 있는 덕목이라 배워 왔던 성실함과 착실함이 어쩌면 그리 중요한 게 아닐지도 모른다는 사실을요.

생각지도 못한 경험이 심어준 자신감

은퇴를 앞둔 내담자들 중에는 자신감이 없는 분들이 많습니다. 오랜 직장생활과 삶의 연륜에서 오는 콘텐츠가 무궁무진한 분인데도 1인 지식기업가로 활동해보시라는 제안에 "저처럼 직장에서 일 벌레처럼 일만 한 사람이 어떻게……"라며 손사래를 치기 일쑤입니다. 직장생활에서는 주도적으로 무언가를 해본 경험이 부족해 자신감을 쌓을 기회조차 없었던 것이지요. 그런 분들보다는 자산이나 콘텐츠, 사회 경험이 부족해도 자신감 넘치는 분들이 더 빠르고 안정적으로 인생 2막을 준비하는 경우가 많습니다.

인생 2막을 준비하는 데 있어 공부 머리나 학벌, 경력 등이 중요할까요? 사실 그것들을 갖추고 있어도 '자신감'이 없어 새로운 시도는 엄두조차 내지 못하는 분들이 매우 많습니다. 그런데 자신감이란 하루아침에 뚝딱 하고 생겨나는 것이 아니기 때문에 평소 삶에서 크고 작은 성공의 경험을 통해 탄탄하게 다져져야 합니다. 그래야 선택의 기로 앞에서 나이나 자산, 평범했던 삶을 핑계로 판단을 미루다가 최적의 기회를 놓치는 일이 없지요. 그리고 자신감은 의외의 경험을 통해 생겨나기도 하는데, 이때 이 자신감이란 녀석을 놓치지 말고 잘 간직해야 합니다.

본래도 넉넉지 않았던 집이었건만, 제가 대학에 다니던 때에 아버지께서 정리해고를 당해 회사를 옮기면서 수입이 거의 절반 정도로 줄었습니다. 이에 등록금을 지원받을 수 없었고, 직접 돈을 벌어 학교를 다녀야 했지요. 휴학하고 6개월간 죽어라 일을 해야 다음 1년 학비와 생활비가 충당됐으니, 군대 시절까지 더하면 학교를

마흔 전 인생 경험을 나만의 자산으로 만드는 법

다닌 시간보다 휴학을 한 기간이 더 길었습니다. 그래서 대학 시절을 떠올리면 공부하고 일했던 기억뿐입니다. 캠퍼스의 낭만 따위 느낄 틈도 없었지요.

이때 제가 주로 했던 아르바이트는 소위 '막노동'이라 불리는 것들이었습니다. 음식점 서빙처럼 상대적으로 편한 일로는 학비와 생활비를 벌기에 부족했기 때문이지요. 게다가 중학교 때부터 운동을 꾸준히 했던 터라 힘쓰는 일이 잘 맞기도 했습니다. 그때 건축 현장에서 건축자재를 짊어지고 계단을 참 많이도 오르내렸지요.

한데 단순히 학비를 벌기 위해서 했던 이 일이 제게 자신감을 심어주기도 했습니다.

어린 시절 화목하고 사랑이 넘치는 집안에서 자라난 저는 사실 멘탈이 약했고, 성적이 항상 바닥이라 자신감과 자존감이 떨어질 대로 떨어진 상태였지요.

'나는 뭘 해도 안 되나 보다. 난 진짜 보잘것없는 놈이야.'

그런 생각이 박힌 채로 20년 이상을 살았습니다. 그랬던 제가 막노동판에서는 친구들은 힘들다고 시도조차 하지 않는 일을 해냈고, 일 잘한다고 칭찬까지 받으니 자존감과 자신감이 조금씩 차올랐던 것입니다. 그때의 기쁨을 어떻게 표현할 수 있을까요?

결국 그 중요한 자신감을 처음으로 얻은 곳이 당시에는 무시당하기 일쑤였던 막노동판이었으니, 지금 생각하면 웃음이 나오기도 합니다. 더구나 공부가 본업이 되어야 할 대학생이었는데 말입니다.

하지만 바로 이런 아이러니야말로 '고난과 역경이 오히려 성장의 기회가 되는' 상황입니다. 그리고 이런 과정을 통한 성장이 삶의 내공, 나아가 '돈 내공'의 기초가 되는 법입니다. 저 역시 이렇게 처음 얻은 자신감을 통해 이전이라면 상상도 못 했을 새로운 시도를 하게 됐습니다. 바로 한국전력공사(이하 한전)에 지원하기로 마음먹은 것이지요.

그럼에도 불구하고
성실함은 중요한 덕목입니다

아마 좀 전에 제가 '성실함은 어쩌면 그리 중요한 덕목이 아닐 수도 있다'고 했던 것을 기억하실 겁니다. 성실함이 '가장' 중요한 덕목은 아닐 수 있습니다. 하지만 '매우' 중요한 덕목임은 분명합니다. 이 역시 대학 시절의 경험에서 몸소 얻은 깨달음이지요.

80년대 중반, 한전은 연봉이 높으면서도 안정적이라 선망하는 사람이 있는가 하면, 발전소로 파견되어 지방 근무를 해야 하는 경우가 많아 기피하는 사람도 있었습니다. 그리고 이런 단점들 때문에 비슷한 연봉의 다른 기업들에 비해 강력한 경쟁자가 적은 편이

마흔 전 인생 경험을 나만의 자산으로 만드는 법

라는 점이 제게는 매력적으로 보였지요.

그 시절만 해도 한전은 순수 공채 시험을 통해 신입사원을 선발했습니다. 아마도 스무 살의 저였다면 공채건 뭐건 어차피 안 될 거라는 생각으로 포기했을 겁니다. 하지만 막노동판에서 얻은 자신감은 제게 다른 시야를 열어주었습니다.

'어차피 공부는 해도 안 되니까 성적으로는 좋은 직장에 못 들어가겠지. 그럴 바엔 학점 안 따지는 한전을 노리는 게 가능성 있겠다.'

나도 뭔가를 잘할 수 있다는 자신감 앞에서 평생의 열등감이 힘을 잃은 것입니다.

당시 저는 대학교 3학년이었는데, 그때부터는 간신히 학사경고를 면할 정도의 성적만 유지한 채 그 어느 때보다도 열심히 공채를 준비했습니다.

그 결과, 저보다 훨씬 성적도 좋고 똑똑했던 친구들을 제치고 한전에 입사하게 됐습니다. 당시 곳곳에 발전소를 짓던 터라 사람을 많이 뽑은 덕이기도 했고, 72명의 동기 중 입사 시험 성적 꼴찌를 차지하긴 했지만, 그래도 제게는 처음으로 거둔 큰 성공이었습니다. 주변의 누구도 제가 한전에 입사할 거라고는 상상도 못 했는데, 처음으로 스스로를 믿고 우직하게 밀어붙여 이뤄낸 성공이었지요. 다른 사람은 몰라도 저는 알고 있습니다. 시험을 준비하는 과정에서 제가 얼마나 열심히 공부했는지를 말입니다.

마냥 성실하기만 했던 아버지는 충성을 바친 회사에서 버림받았습니다. 저 역시 성실한 학생이었으나 항상 성적은 좋지 못했지요. 그래서 앞에서는 '성실함이 나를 배신했다'고 말했습니다.

하지만 이제는 분명히 말할 수 있습니다. 그래도 성실함을 버려서는 안 된다고요. 성실함은 분명 전부도 아니고, 성실함만으로 이루지 못하는 것들도 많습니다. 하지만 그렇다고 해서 성실함의 가치가 떨어지는 것은 아닙니다. 성실하지 않으면 무엇을 이루기도, 유지하기도 어려우며, 사람들에게 좋은 평을 받기란 불가능합니다.

제게 컨설팅을 받은 분들 중 제아무리 똑똑하고 머리가 비상한 분이라 해도 성실하지 않으면 오래가지 못했습니다. 투자로 성과를 거두더라도 단발성에 그치거나, 탄탄한 내공이 쌓이기 전에 무리한 시도를 하다가 원금까지 날려버리기 일쑤였지요. 유튜버로서도 콘텐츠를 꾸준히 제작하지 못해 결국 중간에 포기한 경우도 많습니다.

반면 성실한 분들은 지금 당장은 힘들어도 언젠가 빛을 보게 되어 있습니다. 부동산 투자에 있어서도 당장의 수익보다는 꾸준한 반복 투자로 차차 수익을 올려갑니다. 또한 1인 지식기업가로서도, 유튜버로서도 초반에는 다소 성과가 부진하더라도 결국엔 자리를 잡습니다.

결국 돈 내공, 나아가 삶의 내공은 재능보다는 성실함으로 쌓아가야만 탄탄해지는 법입니다.

마흔 즈음,
선택의 순간이 옵니다

예나 지금이나 '마흔'이라는 나이는 많은 것을 생각하고 고민하게 만드는 시기인 것 같습니다. 특히 요즘은 퇴직 시기가 빨라지면서 더더욱 그렇다고 하지요. 당시 저도 마흔이 다가올 무렵 선택의 기로에 섰습니다. 그때의 선택을 후회하지는 않지만, 조금 더 깊게 생각해봤더라면 어땠을까 싶을 때도 많습니다. 그 선택의 기로에서 단지 현실에 쫓겨 그릇된 선택을 하는 일이 없으려면, 어떤 선택을 하건 흔들리지 않으려면 더더욱 탄탄한 내공이 필요합니다.

사회에 나가서도 저는 계속해서 '밑바닥'이었습니다. 입사 시험부터 꼴찌였으니, 사회생활 시작부터 꼴찌였던 셈이지요.

당시는 한전, 그중에서도 원자력발전소 직원이 되면 1년간 연수를 받았습니다. 이 기간에는 수험생처럼 아침 9시부터 저녁 6시까지, 밥 먹는 시간과 약간의 휴식 시간 외에는 수업을 듣고 기숙사로 퇴근했지요. 이런 일상이 월요일부터 금요일까지 반복되고, 토요일에는 한 주간 배운 것들로 시험을 봤습니다. 그나마 동기들이 사회인으로서 자유를 만끽하느라 공부를 소홀히 한 덕에 꼴찌는 면했지만, 그럼에도 매번 하위권이었지요. 예습과 복습을 가장 열심히 했을 텐데도 하위권을 벗어나지 못했으니 슬퍼해야 할지, 그래도 꼴찌는 아니었으니 기뻐해야 할지 혼란스러울 지경이었습니다.

그 와중에 제 룸메이트는 저를 좌절감에 빠뜨렸습니다. 매일 복습과 예습을 빼먹지 않았던 저와 달리 룸메이트는 수업이 끝나면 놀기 바빴지요. 그리고 토요일 아침이면 평소보다 한 시간쯤 일찍 일어나 책상 앞에 앉아 공부하는 것이 전부였습니다.

그런데 이 친구는 매번 시험 성적이 상위권이었습니다. 그러니 내 안에서 열등감이 솟아오르는 것을 막을 수 없었습니다.

막노동판에서 얻게 된 '무엇이든 헤쳐 나갈 수 있겠다'는 자신감, 제법 괜찮은 직장에 들어왔다는 자신감은 송두리째 흔들리고 뽑혀 나갔습니다. 한참 시간이 흐른 후에야 그 룸메이트가 유독 머리가 좋은 사람이라는 사실을 깨달았지만, 당시에는 '과연 이곳에서 내가 버텨낼 수 있을까?'라는 의문이 따라붙기 시작했습니다.

한전에 입사하고 얼마 되지 않아 저는 한 여성을 만나 사랑에 빠졌습니다. 당시 경주의 월성원자력발전소로 발령이 나서 내려가 있던 저는 주말마다 기차를 타고, 때로는 비행기를 타고 서울까지 올라가 그녀를 만났습니다. 그리고 1년여의 만남 끝에 결혼을 하게 됐습니다.

어린 나이에 결혼까지 했으니 책임감은 막중했습니다. 그런 와중에 동기들과의 경쟁에서 번번이 하위권을 차지하게 되니 가슴에 돌덩이라도 들어앉은 듯 답답해졌고, 이 무렵부터 고민이 커졌습니다. 한전은 비록 연봉도 높은 편이고 정년도 60세까지 보장되긴 했지만, 나보다 훨씬 똑똑한 사람들 틈에서 '직장 서바이벌' 게임을 벌이기에는 위험이 커 보였던 것이지요. 회사생활을 '열심히'는 할 수 있으나 '잘'할 수는 없음을 너무도 잘 알고 있었으니까요.

동기들이 쭉쭉 치고 올라가는 동안 만년 과장으로 남아 이리저리 비교당하고, 나를 추월해버린 '후배 상사'에게 깨지고도 '사회생활은 어쩔 수 없지'라고 스스로를 다독이는 내 모습이 자꾸만 머릿속에 그려졌습니다. 상사들은 '저놈 언제 나가나' 하는 마음으로 하루 빨리 내쫓고 싶어 하고, 후배들은 앞에선 예의 바른 척하면서 속으로는 비웃고 무시하는 장면이 머릿속을 떠나지 않았지요. 회사의 구조가, 진급 시스템이, 나의 둔한 머리가 그 망상을 현실로 만들고도 남을 것만 같았습니다.

그런 불안한 상태로도 저는 몇 년을 더 한전에 몸담았습니다. 특별한 이유는 없었습니다. 저는 가장이었고, 어릴 때부터 보고 배운 것이 '열심히, 성실하게, 충성을 바쳐서' 일하는 모습이었기 때문이지요. 더구나 이직을 한다 해도 더 좋은 곳에 갈 자신감보다는 오히려 무언가를 새로 배워야 한다는 두려움이 컸지요.

하지만 30대 중후반에 접어들었을 때, 저는 선택의 기로에 서게 됐습니다. 저보다 똑똑하고 인정받던 동료들조차 조직생활에 한계를 느끼고 하나둘 떠나가는 모습을 보면서 회사에 남는 것 또한 안전하기만 한 건 아님을 깨닫게 된 것이지요. 그때, 평생 충성을 바친 회사에서 아무런 준비 없이 해고된 아버지의 모습이 떠올랐습니다. 그런 일이 내게는 일어나지 말라는 법은 없었지요.

'이대로 몇 년 후, 마흔이 넘어서 그런 일을 겪느니 한 살이라도 어릴 때 나가서 승부를 봐야겠다!'

고민 끝에, 저는 그렇게 결심했습니다. 그게 어떤 의미인지도 모르고, 험한 바깥세상에서 견뎌낼 내공도 없었던 상황에서 말이죠.

마흔 전 인생 경험을 나만의 자산으로 만드는 법

2장

인생을
망가뜨리는
돈도 있습니다

퇴사할 때
준비의 중요성을 알았더라면

가끔 돌이켜 생각을 해봅니다.

'나는 왜 회사를 박차고 나왔을까? 특별히 할 줄 아는 일도 없는 사람이, 책임져야 할 가족이 있는 가장이, 안정적이고 제법 괜찮은 수입이 보장된 회사원이, 그것도 마흔을 앞두고, 도대체 왜 퇴사를 했을까?'

이에 대한 답은 세 가지로 추릴 수 있을 것입니다.

첫째, 직장 내에서 한계를 느끼고 있었기 때문입니다. 진급에서 뒤처져 있던 것도 문제지만, 앞으로는 더욱 암담해 보였습니다. 제게 자괴감이 들게 했던 룸메이트조차 "여기서는 미래가 보이지 않는다"며 퇴사를 한 마당에 제가 버텨낼 재간이 없다고 여긴 것이지요.

둘째, 서울에서 나고 자란 저와 아내 모두 긴 객지생활에 지쳐 있었습니다. 특히 살림을 맡았던 아내는 제가 출근한 후로는 혼자 외롭게 지내야 했기 때문에 우울증 증세를 보이기도 했습니다. 아무리 회사가 소중하다 해도 가족보다 중할 수는 없는 법이지요.

셋째, 한 번쯤 세상이 정해둔 틀에 박힌 삶이 아닌, 내 손으로 만든 운명을 따라보고 싶었습니다. 그때까지 그저 착실하고 성실한 사람으로 살았으니 한 번쯤은 내가 원하는 대로 살아보고 싶은 마음이 싹튼 것이지요. 어쩌면 이 마지막 이유가 가장 컸을지도 모릅니다.

이유야 어찌 됐든, 퇴사를 결심했다면 나가서 무엇을 할 것인지 생각해야만 했습니다. 그런데 할 줄 아는 것은 없었지만, 당시의 저에게는 어떤 자신감이 있었습니다. 회사에서는 이리 치이고 저리 치였음에도 일단 밖에 나가면 어떻게든 해나갈 수 있다는, 근거 없는 자신감이었지요.

'그래, 학교에서 열등생이어도 회사생활을 잘하는 사람이 있고, 아닌 사람도 있었어. 그렇담 회사에서 열등생이었어도 사회에선 우등생일 수도 있는 거지!'

사실 회사에서 저는 '어쩌면 밀려날 수도 있다'는 불안함에 직장을 다니던 도중에 공인중개사 자격증을 따놓은 상황이었습니다. 그리고 이 사실이 '나가서도 어떻게든 해나갈 수 있다'는 자신감을 조금이나마 지지해주었지요.

마흔을 몇 년 앞둔 시기, 그렇게 호기롭게 사표를 냈습니다.

만약 그때 '철저한 준비'의 중요성을 지금만큼 잘 알았더라면 어땠을까요? 그래도 그렇게 호기롭게 사표를 던질 수 있었을까요? 아마도 그냥 회사에 남지 않았을까 싶습니다. 드라마로도 큰 성공을 거둔 윤태호 작가의 『미생』(더오리진/2019)에서 가장 인상적이었던 명대사, '회사가 전쟁터라면 밖은 지옥'이라는 말이 그 이유를 대신 설명해줍니다.

그리고 제게도 바로 그런 지옥이 기다리고 있었습니다.

———
천국도, 지옥도
스스로 만드는 것입니다 ———

사표를 낸 후, 저는 앞서 말한 공인중개사 자격증으로 부동산 관련 일을 해보기로 결심했습니다. 하지만 대뜸 공인중개사 사무실을 차리기는 무리였고, '이 바닥'이 어떻게 돌아가는지도 알지 못했으니 공부가 필요했습니다.

예나 지금이나 흔들림 없는 믿음 중 하나가 '최고의 공부는 사람을 통해서 얻을 수 있다'는 것입니다. 그래서 저는 이쪽 분야 일을 하는 사람들의 모임에 나가기 시작했습니다.

그때, 그곳에서 저보다 몇 살 선배를 만나게 됐습니다. 사회 경험과 사업 경험도 풍부한 사람으로, 회사를 나온 후 마음 한구석에 불안함을 가지고 있던 저를 잘 다독여주었지요. 금방 가까워진 그를 저는 형님처럼 믿고 따르기 시작했습니다.

그리고 머지않아 우리는 함께 사업을 하게 됐습니다. 멘토처럼 여기던 사람의 제안인 만큼 덜컥 받아들인 것이지요. 그리고 결론부터 말하자면, 그는 전과 이력이 화려한 사기꾼이었습니다. 제게 친형님 같은 따뜻한 조언을 해주며 접근했던 것도 결국은 저를 먹잇감으로 삼기 위한 초석이었던 것이었습니다.

여기에 사기꾼이라고 할 수는 없지만, 돌이켜보면 동업자로서는 꽝이었던 한 사람이 더 붙어 셋이 회사를 설립했습니다. 그 사기꾼은 실질적인 경영과 영업을, 새로 합류한 동업자는 실무를, 저는 주로 자금 조달을 담당했지요. 자금 담당이었던 만큼 그간 모아둔 얼마 안 되는 돈에 퇴직금까지 쏟아부었습니다. 그리고 몇 개월 뒤, '그'가 잠적했고, 제가 투자한 모든 돈은 허공으로 사라졌습니다.

제게 남은 것이라고는 허울뿐인 회사의 대표 직함, 저와 같이 낙동강 오리알 신세가 된 또 하나의 동업자뿐이었습니다.

사람을 함부로 믿어서는 안 된다는 것도, 특히 내게 선의를 가지고 접근하는 사람일수록 그 이면에 어떤 의도가 깔려 있는지를 반드시 따져봐야 한다는 것도 그때 배우게 됐습니다.

하지만 이때까지만 해도 그 깨달음이 부족했던 것인지, 저는 저와 같이 '버림받은' 동업자에게 의지하기 시작했습니다. 그도 몇 개월간의 노력을 물거품으로 만들기는 싫었는지 둘이서라도 의기투합을 해보자고 하더군요.

이 동업자는 여러 가지 사업을 벌였습니다. 중고 자동차 판매업도 했고, 당시 합법이었던 도박 오락기 파친코 사업에도 손을 댔습니다. 그때마다 저는 대출을 받거나 지인들에게 빌려 자금을 끌어왔지요. 그러다가 급기야는 사채에까지 손을 대고 말았습니다. 그리고 다시 1년 정도가 흘렀을 때, 제게는 10억 원이 훌쩍 넘는 빚만 남게 됐습니다.

그제야 저는 다시 한번, 이번에는 훨씬 더 깊은 깨달음을 얻게 됐지요. 처음부터 의도를 가지고 사기를 치는 사람이 아니라 해도 사람을 덜컥 믿어버리는 것이 얼마나 위험한지를요. 정말 비싼 대가를 치르고 깨달은 셈입니다.

제가 이토록 쉽게 사기를 당하고 이용당한 이유가 무엇인가를 곰곰이 생각해본 적이 있습니다. 이는 제 습관 중 하나인데, 실패를 겪을 때마다 그 이유를 분석하고, 같은 상황이 오면 어떻게 대처할 것인가를 생각해보곤 합니다. 덕분에 언젠가부터 실패 자체가 줄어들었고, 실패를 성장의 발판으로 삼을 수 있게 됐습니다. 이 또한 쓰라린 실패를 통해 다져진 돈 내공인 셈이지요.

제가 그토록 쉽게 이용당한 이유는 크게 세 가지였습니다.

첫째, 정석대로만 살아온 사람 특유의 순박함. 저는 어린 시절부터 한눈 한 번 팔지 않고 학교생활에 충실했고, 부모님 말씀을 잘 듣는 사람이었으며, 한전이라는 회사에서 만난 사람들도 저와 비슷한 부류였습니다. 실제로 군 생활을 오래한 직업 군인들이 자주 사기를 당한다고 하는데, 이 또한 비슷한 맥락이라고 봅니다.

둘째, 상황에 내몰려 흐려진 판단력. 당시 저는 절박한 상황이었습니다. 회사 안에서는 한계가 너무 명확했기에 박차고 나왔지만, 불안할 수밖에 없었지요. 특출한 재능이 없었으니 믿고 기댈 사람이 필요했던 것입니다. 그리고 사기꾼들은 귀신같이 이런 사람들을 찾아내고 접근합니다.

셋째, 학습능력 부족. 두 번째 동업자는 분명 사기꾼은 아니었습니다. 하지만 결과적으로 끝이 좋지 않았고, 피해는 대부분 제가 봤습니다. 그는 투입한 돈도 없었고, 필요한 생활비는 받아가며 일을 했기에 사실상 손해가 없었던 셈이지요. 반면 감당할 수 없을 정도의 자금을 끌어왔던 저는 결국 빚더미에 앉았습니다. 만약 첫 동업

마흔 전 인생 경험을 나만의 자산으로 만드는 법

사기를 겪었을 때 '내가 사기를 당한 이유'를 좀 더 분명하게 파고들었더라면 이후 그토록 어마어마한 빚더미에 앉을 일은 없었을 것입니다. 자금을 끌어오는 일을 혼자 담당하지는 않았을 테고, 그럼 동업 자체가 성립되지 않거나 동업자가 좀 더 조심스레 사업을 벌이지 않았을까요.

이렇게 말하면 과거를 미화하는 것처럼 들릴 수도 있겠지만, 지금에 와서는 그때의 그 경험들이 너무도 소중합니다. 그런 쓰라린 경험 덕분에 더 큰 부와 성공을 이루기 위한 돈 내공이 탄탄하게 다져진 셈이니까요.

큰 위기 앞에서 누구나 하게 되는 생각, '돈이 많았더라면'

회사를 나온 지 2년도 되지 않는 시간에 제 인생은 바닥을 모르고 추락했습니다. 뭐든 해서라도 살아갈 수 있을 것 같았던 자신감은 '뭘 해도 안 돼'라는 자조로 바뀌었고, 자존감은 남아나질 않았으며, '실패한 사업가'라는 딱지가 붙었습니다.

어려움은 현실로도 닥쳤습니다. 10억 원이 넘는 빚이 생겼으니까요. 신용회복위원회를 통해 1억 원 정도의 빚을 탕감받은 대신 신용불량자가 됐습니다. 게다가 신용회복위원회에서 사채까지 책임져주지 않지요. 저는 사람들에게 "아무리 힘들어도 사채는 쓰지 말라"고 경고하는데, 다 경험에서 나온 이야기입니다. 사채 때문에 드라마나 영화에서 봐왔던 일들을 실제로 겪은 것이지요. 조폭들에게 끌려가 땅에 묻히기도 했고, 폭력과 협박에 시달려야 했으며, 수시로 찾아오는 그들을 피해 다니기에 바빴습니다.

그 시기에 아내와 이혼까지 해야 했습니다. 내 잘못으로 인해 사랑하는 아내까지 그런 일에 끌어들이고 비참한 삶을 살게 할 수는 없었으니까요.

빚쟁이들을 피하기 위해 몇 개월간 노숙 생활을 하기도 했습니다. 그럼에도 그들은 귀신같이 저를 찾아내곤 했지만, 저는 또 어떻게든 도망을 다녔습니다.

그런데 힘든 일은 한꺼번에 찾아온다던가요? 그 시기에 아버지께서 혈액암 판정을 받았다는 사실을 알게 됐습니다. 정말 하늘이 무너지는 것만 같았지요.

'내가 무슨 죄를 그렇게 많이 지었다고 하늘은 이런 시련을 한꺼번에 주는 거지? 왜 하필 나냐고!'

당시에는 이 모든 일들이 그저 운이 좋지 않았고, 하늘이 나를 돕지 않았기 때문이라 여겼지요.

사실 제 인생에 있어서 가장 큰 응어리는 빚쟁이들의 폭력이나 협박, 사업 실패, 아내와의 이혼이 아닌 아버지께 자식된 도리를 하지 못했던, 당시 저의 처지입니다. 그 어떤 일도 이때의 상처와 분통함에는 비할 바가 못 됩니다.

당시 아버지의 병환은 제법 깊었던 터라 완치는 불가능했지만, 병원에서 추천한 약을 하루 세 번씩 복용하면 큰 고통 없이 삶을 연장할 수 있었습니다. 문제는 그 약값과 병원비까지 합치면 하루에 40만 원 가까이 필요했다는 것이지요. 그래서 형님은 집도 팔고 차도 팔아야 했습니다. 저 역시 어떻게든 비용을 마련하고 싶었으나, 신용불량자 도망자 신세로 무엇을 할 수 있었겠습니까?

결국, 얼마 후 아버지는 돌아가셨습니다. 돈이 없어서 아버지를 그렇게 보내야 했던 심정은 이루 말로 다 할 수 없을 정도로 참담하고 비통했지요. 그리고 이 경험은 돈에 대한 제 생각을 송두리째 뒤바꿨습니다.

'돈만 많았다면 아버지의 고통을 덜어드릴 수 있었겠지.
그래, 돈을 벌자. 그것도 많이!'

그전까지 저는 '돈이란 먹고사는 데 필요한 만큼만 있으면 된다'는 생각으로 살아왔습니다. 돈은 사람의 영혼을 좀먹는 것이라 깨끗한 사람은 부자가 될 수 없고, 돈이 많아지면 선한 사람도 타락하게 된다고 여겼지요.

하지만 단지 돈이 없어서 아버지를 그런 식으로 떠나보내고 바닥 같은 삶을 경험한 후로 '돈은 많아야 한다'는 진리를 깨달았습니다. 현대인의 삶에서 돈 없는 행복이란 하늘의 사소한 변덕만으로도 휘청대다가 툭 하고 무너져 내릴, 위태로운 모래 위의 성에 불과하니까요.

이때의 각오와 다짐이 아니었다면 저는 다시 일어서지도, 그 빚을 다 갚지도 못했을 것입니다. 우리는 돈을 사랑하고, 그런 사랑스러운 돈을 최대한 많이 벌기 위해 노력해야 합니다. 그건 부끄러운 일도 아니고 비천한 것도 아닙니다. 오히려 돈이 없을 때 부끄럽고 비천한 삶을 살게 되지요. 제가 빚쟁이들에게 쫓기던 그 시절처럼, 아버지를 그렇게 떠나보낸 때처럼 말입니다.

아버지의 장례를 치른 후, 그토록 피해 다니던 사채업자를 직접 찾아갔습니다. 그들 표현대로라면 '쥐새끼처럼' 도망만 다니던 사람이 느닷없이 찾아왔으니 당황할 만도 했지요.

지금 생각해보면 어디서 그런 용기가 났는지 모르겠지만, 아마도 아버지를 편히 모시지 못했다는 죄책감과 부자가 되겠다는 열망, 도망 다니는 삶에 대한 환멸이 합쳐진 결과였을 겁니다.

"이제 저 찾으러 힘들게 돌아다니실 필요 없습니다. 고시원에서 지낼 생각이니까요. 대신, 이대로는 어차피 한 푼도 갚지 못할 테니까 제가 일자리를 구해 돈을 벌어서 갚을 수 있게 해주십쇼."

그들은 만약 또 도망가거나 하루라도 연락이 안 될 경우 어떤 일

이 일어날지에 대한 무시무시한 경고를 남긴 후 저의 이 당돌한 제
안을 받아들였습니다.

절망 속에서도
한 줄기 빛을 보는 존재, 인간

그때부터 저는 말 그대로 '잠만 잘 수 있으면 어디든 상관없다'는
생각에 영등포 쪽방촌에서 월 12만 원에 지내게 됐습니다. 20만 원
짜리 고시원도 제게는 사치였지요.

그곳은 비가 오면 천장에 물이 줄줄 샜고, 방 구석구석에는 곰팡
이가 잔뜩 피었으며, 에어컨은커녕 선풍기 하나 없어 한여름에는
모기들에게 수십 번을 뜯길 각오로 마당에서 잠을 자야 했습니다.
방은 통풍도 되지 않아 찜통과 다를 바 없었으니까요.

일자리를 찾으려고 이력서를 백 통도 훌쩍 넘게 썼는데, 한 군데
에서도 연락이 오지 않았습니다. 그러니 힘이 들더라도 할 수 있는
일은 막노동뿐이었지요.

그렇게 뼈 빠지게 일해 최소한의 식비와 월세를 내고 남은 돈은
전부 빚을 갚는 데 썼습니다. 그런데도 이자 갚기에도 벅찼지요. 그
래도 몇 개월 열심히 일해서 꼬박꼬박 갚았더니 사채업자들도 더
이상 찾아와서 괴롭히지는 않았고, 그것만으로도 한결 편해졌습니

다. 물론 이전에 비해 편해졌을 뿐, 삶은 여전히 끝이 보이지 않는 어두운 터널 속 같았습니다.

이때 저는 인간의 한 가지 속성을 절절하게 느끼게 되었습니다. 바로 '어떤 절망적인 상황에서도 한 줄기 빛만 있으면 살아갈 수 있다'는 사실입니다.

당시의 제 현실을 다시 정리해볼까요? 안정적인 직장에서 나와 시작한 사업에 실패하고 이혼한 남자, 마흔이 다 된 나이, 10억 원이 넘는 빚, 죽어라 일을 해도 빚이 줄기는커녕 이자도 갚기 벅찬 상황, 하늘의 별 따기 같은 취업, 쪽방촌을 벗어나지 못하는 삶……. 사방을 둘러봐도 절망과 절망, 또 절망뿐이었습니다. 그런데도 당시에 제가 조금씩 희망을 얻고 아주 작게나마 행복 비슷한 것까지 느꼈다면 믿으시겠습니까?

12만 원짜리 쪽방촌을 벗어나 19만 원짜리 고시원에 들어갔을 때, 매일 찾아오던 사채업자들이 간혹 연락만 취하고 더 이상 찾아오지는 않게 됐을 때, 전체 빚의 1퍼센트도 되지 않는 돈이었지만 원금을 조금이라도 갚았을 때. 이런 상황이 올 때마다 저는 '어제보다 티끌만큼이라도 나아진 오늘'에 행복해하고 희망을 가졌던 것입니다.

이런 어려움을 겪어보지 않은 사람이라면 제 이야기를 비웃을지도 모릅니다. 하지만 이젠 이렇게 말할 수 있습니다. 이런 희망이라도 가지지 않았다면 저는 빚과 절망으로 만들어진 그 긴 터널을

마흔 전 인생 경험을 나만의 자산으로 만드는 법

결코 건너지 못했을 것이라고요. 그러니 지금 당신이 어떤 상황이건 얼마나 힘들건 희망을 가져야 합니다. 결코 다시 일어설 수 없을 것 같은 절망에서도 티끌만큼의 희망은 존재하는 법입니다. 그 희망을 찾아내고, 붙들고, 키워내는 것이 지금 당신이 해야 할 일입니다.

3장

맨땅의
절박함이
만들어낸 기적

희망을 붙들고 있으면
기회는 찾아옵니다

여전히 빚, 정확히는 이자와 씨름하던 중 저는 제법 괜찮은 일자리를 찾게 됐습니다. 모 기업체 전무님의 운전기사로 취직하게 된 것이지요. 그 전무님 집에서 숙식도 해결할 수 있었고, 월급도 적지 않았습니다. 주말과 휴일에도 일을 해야 할 때가 있었는데, 그때면 쏠쏠한 추가 수당을 받았으니 저로서는 매우 기뻤습니다.

그러던 어느 날, 주말에 호출이 있었습니다. 골프 약속이 잡혔으니 운전을 해달라는 것이었지요. 그때 찾아간 골프장에는 간이 사

무실을 개조한 쉼터가 하나 있었는데, 주말이면 저와 같은 기사들이 그곳에 모여 각자 모시고 온 분들이 돌아올 때까지 시간을 보내곤 했습니다.

사기를 당한 이후로 가능한 한 새로운 인간관계를 만들지 않으려 했지만, 종종 마주치는 사람들 틈에서 혼자 입을 꾹 다물고 있을 수만은 없어서 대화를 나눌 때도 있었습니다. 그런데 그날은 제법 관심을 끄는 이야기가 나왔습니다.

"'○○이야기', 알지?"

"알지. 게임장 이름 아냐? 우리 동네에도 생겼던데?"

○○이야기는 파친코 게임에서 착안한 성인용 슬롯머신 게임장으로, 당시 한창 성행 중이었습니다. 국가의 허가를 받고 운영됐으나, 후에 당첨 조작 사실이 밝혀지는 등 불법 게임장으로 지목된 곳이기도 합니다. 처음 운영을 시작하던 때에도 중독성과 사행성에 대한 우려로 논란이 되고 있었지요.

어린 시절부터 성실함을 중요한 덕목으로 배워온 저로서는 사행성 짙은 일에 관심을 가질 이유가 없었지만, 워낙 절박했던 상황 때문인지 저도 모르게 귀를 기울이고 있었습니다.

"내가 왕년에 그거 게임기 팔아서 돈깨나 벌었거든."

"에이, 그거 게임기 좀 팔아서 얼마나 번다고……."

한 분이 못 믿겠다는 듯 말하자 처음에 말을 꺼낸 기사는 발끈했습니다.

"몰라서 하는 소리야! 한 대 팔면 수수료가 백만 원은 떨어져!"

"배, 백만 원? 한 대에?"

"그렇다니까! 나 조만간 다시 시작할 건데, 다들 관심 있어?"

그 후로 한동안 다른 이야기는 귀에 들어오지도 않았습니다. 한 대에 백만 원이라니, 100대만 팔아도 1억 원을 번다는 말 아니겠습니까. 물론 이미 사기를 당한 경험이 있던 저로서는 그 말을 완전히 믿지는 않았지만, 정말로 그게 가능하기만 하다면 꿈만 같은 일일 거라 생각했지요.

그리고 얼마나 흘렀을까요? 그때 게임기 이야기를 한 기사에게서 연락이 왔습니다.

오랜만에 만난 그는 신수가 훤해 보였습니다. 그때 이야기했던 게임기 판매 일이 제법 잘되고 있어 한 달에 2,000만 원 이상 번다더군요. 그러면서 그때 모였던 기사들 중 유일하게 나만 관심을 보인 것 같아 생각이 나서 연락해봤으니 혹시 관심 있으면 한번 같이 해보는 게 어떻겠느냐고 제안해왔습니다.

솔직히 말하자면 반신반의했습니다. 일단 그 정도로 돈을 잘 벌고 있는 게 맞는지도 궁금했지요. 사기꾼들은 일부러 더 좋은 차를 타고 좋은 옷을 입는다지 않습니까. 게다가 그가 굳이 나에게 연락을 한 이유도 의심스러웠습니다. 누군가 호의를 베풀 때는 그 너머에 다른 목적이 깔려 있을지도 모른다는 것을 10억 원이 넘는 인생 수업료를 내고서야 깨달았으니까요.

그런 의심에 저는 한 발 물러섰습니다. 그분도 제가 곧바로 결정할 수 없을 거라고 예상했는지 천천히 생각해보고 연락하라며 명함을 주었고, 그렇게 저는 숙소로 돌아왔습니다.

그런데 그날 대화를 나눈 후로 그 이야기가 머릿속을 떠나질 않아 좀처럼 잠도 이룰 수가 없었지요.

'투자금이나 선금은 없다니까 최소한 돈을 날리거나 빚을 더 질 일은 없겠군. 내가 받는 수수료의 일부를 달라는 걸 보면 나한테 제안을 한 게 꼭 사기는 아닐지도 모르고⋯⋯.'

만약 빚이 없었더라면 고민할 것도 없이 일언지하에 거절했겠지만, 도저히 감당할 수 없는 빚 앞에서 변화가 필요하다는 걸 느끼고 있었습니다. 다만 당시 상황을 고려하면 '자본 없이 시작할 수 있고 성과에 따라 큰돈을 벌 수 있는' 일이어야만 했지요.

며칠의 고민 끝에, 밑져야 본전이라는 생각으로 저는 그 제안을 받아들였습니다. 조건을 들어보니 일이 좀 틀어지더라도 내가 잃을 것은 약간의 시간과 그에 따른 기회비용 정도였으니까요. 물론 다달이 빚을 갚아가던 제게 그 기회비용이란 결코 무시할 수 없는 것이었지만, 한 치 앞도 보이지 않는 암울한 현실을 벗어나기 위한 투자로서는 저렴한 편이기도 했습니다.

하지만 문제가 하나 있었습니다. 일이 제대로 되지 않아 빚을 제때 갚지 못할 경우, 무슨 일이 생길지 알 수 없다는 것이었지요. 제게는 사채업자들 몰래 모아둔 비상금으로 딱 세 달을 버틸 돈밖에 없었으니까요. 다시 말해 세 달 안에 수익을 내지 못하면 이후에 벌어질 일은 장담할 수 없다는 뜻이었습니다.

이런 절박한 상황에서 그분은 약속대로 제게 판매 노하우도 가르쳐주었고, 무엇보다도 그 게임장 쪽 사람들을 만나 제가 판매 권한을 받을 수 있게 도와주었습니다. 물론 저를 위해서라기보다는 제가 일한 대가에서 받게 될 수수료 때문이었겠지만요.

저는 이 상황을 '작은 희망을 놓치지 않은 결과가 불러온 기회'라 여겼습니다. 그렇게 저는 또다시 승부수를 던졌겠지요. 더 이상 나빠질 게 없는 상황에서는 뭐라도 변화를 줘야만 한다는 사실을 절절히 느꼈으니까요.

───── 절박함은
변화를 불러옵니다 ─────

석 달이라는 정해진 시간 안에 수익이 나야 하는 상황이었지만, 초기에는 성과가 없었습니다. 한 대도 팔지 못한 채 하루하루가 흘러가고 있었고, 마치 사형선고일이 다가오는 것만 같았습니다. 저를 그 일과 연결해준 분과 달리 저에겐 닦아둔 유통망도 없고 확보된 고객도 없었으니 맨땅에서 헤매고 있는 듯했습니다.

마흔 전 인생 경험을 나만의 자산으로 만드는 법

그렇게 거의 한 달이 흘러가는 동안 단 한 대도 팔지 못해 속이 까맣게 타들어가던 중, 일본에서 친구 하나가 한국에 오게 됐다기에 잠시 시간을 내서 만났습니다. 일본에서 판매업을 하던 친구인데, 제법 성공했다는 이야기를 들었습니다.

"야, 너 어떻게 한 거냐? 나도 요즘 게임기 팔고 있는데, 한 달 동안 한 대도 못 팔았다. 아주 죽겠다, 진짜."

제 물음에 친구는 뭐 그런 질문이 다 있냐는 듯 대답하더군요.

"어떻게 팔긴? 블로그로 팔았지."

"블로그?"

생각지도 못한 낯선 용어에 호기심이 생겼습니다. 어차피 한 달 동안 단 한 대도 못 팔았으니 지푸라기라도 잡는 심정으로 할 수 있는 건 다 해봐야 하는 상황이었으니까요. 당시 제게 블로그란 다소 낯선 것이었습니다. 2000년대 중반이었으니 지금처럼 블로그가 활성화되기 전이기도 했지요.

친구와 헤어진 후, 저는 PC방을 찾아갔습니다. PC나 노트북이 없는 상황이었고, 지금과 달리 스마트폰도 없었던 시대라 인터넷을 하려면 그 방법밖에 없었거든요.

동네 PC방에서 게임에 열중하는 어린 학생들 틈에 앉아 저는 한참 동안 블로그를 검색했습니다. 특히 인기 있는 블로그와 조회 수가 높은 글들을 주로 살피면서 연구하고 또 연구했습니다.

안타까운 점이라면 그때만 해도 블로그 마케팅에 관한 책이 없었다는 것입니다. 그래도 다행히 강의를 하는 곳은 있어서 재빨리 신청했습니다. 두 달 생활비밖에 없던 제게는 큰 결정이었지요. 학원 강의를 들으면서 블로그를 하나 개설해 실전 연습도 시작했습니다. 남은 두 달 안에 성과를 내려면 하루빨리 블로그에 익숙해지고 홍보를 시작해야 했으니까요.

사실 저는 글을 잘 쓰는 편이 아니었습니다. 매일 조금이라도 글을 쓰고 책도 많이 읽는 지금은 나아졌지만, 그때만 해도 글을 써본 경험이 없었거든요. 그래서인지 처음 블로그에 올린 글들은 제가 봐도 한심했습니다.

그래도 학원을 열심히 다니고 인기 블로거들의 글을 꼼꼼히 살피다 보니 어느 정도 감이 오기 시작했습니다. 더구나 시간이 얼마 남지 않았다는 압박감과 절박함에 거의 초능력을 발휘하듯이 매일매일 노력하다 보니 글쓰기 솜씨도 나아지기 시작했습니다.

이때부터 거의 한 달이 넘도록 저는 그야말로 미친 듯이 블로그에 매달렸습니다. 학원에서 배운 지식에 블로그들을 연구하면서 얻은 팁까지 총동원해 글을 올렸지요. 인기 블로거들이 자주 사용하는 서체, 사진과 글의 비중 및 배치, 문체, 올리는 시간대, 사람들을 끌어모으기 위한 후크hook 요소 등을 분석해 그대로 따라 했습니다.

그러나 초반에는 별 반응이 없었습니다. 왜 그런지는 몇 번이나 더 헛발질을 하고 난 후에야 알게 됐습니다. 바로 게임기를 사는 사람이 아니라 파는 사람의 입장에서만 생각했던 것입니다.

이때부터는 '게임장으로 돈을 벌고 싶은 사람들' 내지는 '사업 아이템을 찾는 사람들'이 읽는다는 생각으로 이들이 혹할 만한 요소가 무엇인가를 고민하기 시작했습니다. 물론 가장 중요한 것은 '수익성'이었는데, 이를 알리기 위해 당시 그 게임장이 얼마나 급속도로 성장하고 있는지, 이용객이 얼마나 많은지를 다룬 뉴스와 함께 포스팅을 했습니다. 그러자, 그토록 원하던 반응이 제법 나타나기 시작했습니다.

그제야 저는 깨달았습니다. 어떤 일을 하건 '나'보다는 '고객'을 중심으로 생각해야만 한다는 것을요. 이후 제가 공인중개사로서 성과를 올린 것도, 컨설턴트로서 자리를 잡은 것도, 유튜버로서 성공을 거두고 있는 것도 모두 이때의 깨달음 덕이라고도 할 수 있겠습니다.

그만둘 타이밍도 시작 타이밍만큼 중요합니다

앞서 성실함의 가치를 부정하기도, 긍정하기도 했는데, 다시 말하지만 성실함은 매우 훌륭한 덕목입니다. 블로그 글이 반응을 얻기 시작한 후, 진짜 성과로 이어진 것도 결국은 성실함 덕이었으니까요.

그런데, 문제가 있었습니다. 블로그 글 조회 수를 올리는 데는 성공했지만, 연락이 많이 오지는 않았던 것입니다. 당연히 판매는 계속 지지부진했지요. 그리고 이때도 아버지로부터 물려받은 제 최고의 자산인 성실함이 빛을 발했습니다.

'연락이 안 오면 하루에 열 개, 백 개씩 올리면 되지. 그럼 연락도 더 자주 올 거야!'

이런 단순한 생각으로 잠을 줄여가면서 PC방에 앉아 온종일 블로그에 글을 올렸습니다. 내가 게임 판매자인지 블로거인지 헷갈릴 정도였지요. 잠이 부족해 정신은 늘 몽롱했지만, 그런 상태로도 무언가에 홀린 듯 계속해서 글을 올리고 또 올렸습니다.

그렇게 보름쯤 지났을 무렵, 정말 거짓말같이 연락이 폭주하기 시작했습니다. 소위 '임계점'을 넘어선 것이지요. 그리고 개중에는 계약까지 가는 경우도 생겼고, 계약 성사율도 점점 높아지기 시작했습니다.

다시 1년이 지났을 무렵, 저는 빚을 제법 줄일 수 있었습니다. 그 전까지 몇 년간 죽어라 일을 해도 원금은 거의 줄지 않았는데, 이번에는 1년, 정확히는 블로그 마케팅을 시작한 후 10개월 정도 만에 그보다 큰돈을 갚은 것입니다. 그 결과, 실낱같았던 희망이 제법 큰 희망으로 바뀌어갔지요.

그런데 그 무렵, 뜻밖의 제안을 받았습니다. '블로그를 팔라'는 것이었습니다. 아마도 잘되는 가게를 인수하려는 것과 비슷한 심리가 아니었을까요?

저는 고민에 빠졌습니다.

'이대로 몇 년만 열심히 하면 빚을 다 갚을 수 있을 것 같은데, 꼭 팔아야 하나?'

하지만 고민 끝에 그들의 제안을 받아들였습니다. 잘되는 블로그를 한번 만들어봤으니 마음만 먹으면 또 만들 수 있을 거라는 자신감이 있었기 때문이지요.

제가 제시한 3억 원과 그들이 제시한 1억 5,000만 원 사이에서 줄다리기를 한 끝에 2억 원을 받고 판매하는 데 합의했습니다. 물론 이 돈도 고스란히 빚을 갚는 데 들어갔습니다. 덕분에 빚이 9억 원 정도로 줄어들 수 있었습니다.

저는 그때의 감동을 잊을 수가 없습니다. 아무리 줄어들었어도 여전히 9억 원이 넘는 빚이 있는데 뭐가 그리 감동이냐고 할지도 모르겠습니다. 하지만 도저히 줄어들 기미가 없던 빚이 10억 원 아래로 내려갔을 때, 저는 다시 한번 '해낼 수 있다'는 자신감을 얻게 됐습니다. 10억 원이라는 숫자가 주는 상징적인 압박이 조금은 줄어들었다고 해야 할까요?

하지만 이때를 생각하면 가끔 몸서리가 쳐지기도 합니다. 제가 블로그를 판매하고 불과 몇 개월 후, 큰 이슈가 된 일명 '○○이야기 게이트'가 터졌으니까요. 경영진의 승률 조작과 여러 가지 문제가 얽히면서 그 게임 회사가 대대적인 조사를 받았고, 결국 공동대표 둘은 2007년 초에 구속까지 당하게 됐습니다.

이런 불미스런 결과가 있었으니 저로서도 떳떳한 과거라고는 할 수 없습니다. 비록 국가의 인증을 받은 합법적인 사업이었다 해도 사행성과 중독성 문제로 이미 논란이 있었으니까요. 그러니 저 역시 그 일을 한 것에 대해 지금까지도 마음속으로는 도의적인 책임감을 느끼기도 합니다.

다시 그때로 돌아간다면 그 일에 손을 대지는 않을 겁니다. 10억이 넘는 빚 때문에 몇 년간 인간답지 못한 삶을 이어가느라 극단적인 생각까지도 했던 시기다 보니 '큰돈을 벌 수 있다'는 유혹을 이겨내지 못한 것 같습니다. 이 역시 제 선택이었고 바꿀 수 없는 과거이기에 숨기지 않으려 합니다. 감추기보다는 과오를 인정하고 반성할 때 인간은 성장하는 법이니까요.

다시 그 상황으로 돌아와, 제 개인의 입장에서는 그때 블로그를 팔지 않고 계속 그 일에 매달렸더라면 어떻게 됐을까를 생각할 때마다 정말이지 아찔해집니다. 결국 사람은 한없이 욕심을 부리기보다는 적당한 선에서 맺고 끊을 줄 알아야 한다는 깨달음을 얻게 된 사건이기도 합니다.

마흔 전 인생 경험을 나만의 자산으로 만드는 법

4장

"나를 막 부려도 좋으니,
블로그 마케팅을
알려주세요"

삶이 뒷걸음질할 땐
한 걸음 더 나아가세요

2006년, 마흔 살이 된 제게는 9억 원이 조금 넘는 빚과 그 어느 때 보다도 넘쳐나는 자신감, 이 두 가지밖에 없었습니다. 상반된 이 두 가지를 가지고도 저는 의기양양했지요.

그토록 자신감이 생긴 이유는 단순했습니다. 당시 제 또래의 어 지간한 대기업 직장인 연봉으로도 10년은 일해야 벌 수 있을까 말 까 한 돈을 단 1년 만에 벌었으니, 제 앞에 남은 빚과 무관하게 자신 감이 넘쳤던 것이지요. 이대로라면 몇 년 안에 빚을 다 갚을 수 있다는 계산이 나왔으니 의기양양해질 만도 했습니다.

그런데 가만 보면 우리네 삶에는 어떤 사이클이 존재하는 것 같습니다. 좋은 시기가 있으면 내려가는 시기도 있고, 바닥을 찍는가 하면 다시 하늘을 훨훨 나는 순간이 오기도 합니다. 그래서 그런지 저 역시 넘치는 자신감과 달리 아무것도 하지 못한 채 바닥으로 뚝 떨어지고야 말았습니다. 능력이 아닌 운으로 이룬 작은 성공을 가지고 자신감에 취해 있었으니 당연한 결과였겠지요.

따지고 보면 제가 모 기업 전무님의 운전기사 일을 하게 된 것도, 그 와중에 다른 기사에게서 게임기 판매 사업을 듣고 시작하게 된 것도 그저 운이 좋았을 뿐입니다. 이후 성과를 올린 과정까지 폄하할 생각은 없지만, 분명 운이 크게 작용했지요. 그러나 자신감이 과해진 결과, 모든 게 오롯이 제 능력 덕이었다고 여기게 됐지요.

하지만 이제 제 나이는 마흔 줄에 접어들었고, 다른 일을 구하기란 쉽지 않은 상황이었습니다. 다행히 이 무렵에는 사채업자들도 저를 완전히 믿게 됐기 때문에 독촉이나 협박은 없었습니다. 돈을 꾸준히, 그것도 제법 많이 상환했으니 그들에게 있어 저는 거의 'VIP 고객'과 다름없었을 겁니다.

하지만 독촉이 줄었다고 해서 빚이 사라지는 것은 아니었습니다. 모아둔 비상금은 바닥을 보이기 시작했고, 넘치던 자신감은 초조함으로 변해갔습니다. 다시 하루하루 지날수록 속이 바짝 타들어갔고, 견디다 못한 저는 결국 그토록 피하려 했던 결정을 내리게 됐

마흔 전 인생 경험을 나만의 자산으로 만드는 법

습니다.

그렇게, 잊고 싶은 기억 중 하나였던 쪽방촌으로 다시 돌아가게 된 것입니다. 당장 모아둔 돈이 바닥을 보이는 상황에서 노숙 생활을 할 수는 없으니 어쩔 수 없는 선택이었습니다.

그때의 비참함을 어떻게 설명할 수 있을까요? 남자라면 군대를 두 번 가는 심정에 비견할 수 있을지도 모르겠습니다. 아니, 그것보다도 더 비참했던 것 같습니다. 복무 기간이 정해진 군대와 달리 저의 쪽방촌 생활은 5년이 될지 10년이 될지 혹은 평생이 될지 알 수 없었으니까요.

쪽방촌에서의 생활은 단조로웠습니다. 새벽 일찍 일어나 인력시장에 나갑니다. 일거리를 찾으면 일을 하고 삯을 받아 돌아옵니다. 밤에는 PC방에 들어가 닥치는 대로 이력서를 뿌립니다. 그리고는 피곤함을 이기지 못해 잠들고, 다시 새벽에 일어나 인력시장으로 향합니다.

이런 생활이 반복될수록 몸과 마음 모두 지쳐갔습니다. 무엇보다 괴로웠던 것은 무려 3년이 지나는 동안 앞으로 나아가기는커녕 퇴보한 것 같은 현실이었습니다.

3년 전, 처음 쪽방촌 생활을 시작했을 때와 하루하루 일상은 비슷했지만, 당시 30대 중후반이었던 저는 마흔에 접어들어 있었습니다. 젊음을 판 대가로 몇 억 원의 빚을 줄였을 뿐, 빚이 줄었으니

기뻐해야 할지, 3년이라는 시간을 허비했으니 슬퍼해야 할지 알 수 없었습니다. 분명한 건 단 하나. 저는 또다시 좌절하고 절망했으며 세상을 원망했다는 것입니다.

그러던 중, 제 생각을 송두리째 바꾼 일이 일어났습니다. 앞에서도 언급했던, 비오는 날 새벽 인력시장에서 허탕을 치고 돌아오던 중 바로 그 일이 일어난 것입니다. 나보다 나이도 더 많고, 팔과 다리가 하나뿐인 불편함 속에서도 누구보다 열심히 자신의 일을 하던 그분의 모습을 보며 많은 반성을 하게 됐습니다. 그리고 제게 남은 9억 원의 빚에게 감사 편지를 쓰기에 이른 것이지요.

때로 삶은 우리를 어두운 구렁텅이로 몰아넣습니다. 그러고는 '이놈이 어떻게 나오나 보자'는 식으로 구경을 하지요. 그러나 이렇게 삶이 나를 뒷걸음질하게 할 때야말로 한 걸음 더 나아가야 하는 순간입니다. 그러지 않고 포기하는 순간, 뒷걸음질은 다음 뒷걸음질로 끊임없이 이어질 수밖에 없기 때문입니다.

같은 이야기를 반복하기는 싫지만, 우리 삶에서 역경은 더 나은 내가 되기 위한 성장의 발판이 되어줍니다. 여기에는 '역경조차 사랑하는' 마음이 필수지요. 제가 빚을 통해 부富와 성공에 대한 열망을 더욱 키웠던 것처럼, 이 빚을 갚기 위해 치열하게 살아가는 과정에서 이전의 나로서는 상상조차 할 수 없는 능력을 가지게 될 거라 믿었던 것처럼 말입니다.

물론 그렇게 마음먹는다고 해서 삶이 곧장 극적으로 나아지지는 않았습니다. 하지만 마음만큼은 한결 편안해졌고, 조바심이 사라졌습니다. 지금 내가 겪는 고난은 지금 당장의 고난일 뿐, 오늘의 내가 더 나아가고자 하는 선택을 한다면 내일 또는 모레 내가 겪을 고난 또한 달라진다는 사실을 깨달은 것이지요. 덧붙여 삶을 좀 더 적극적이고 능동적으로 살아갈 수 있게 됐으며, 그런 태도가 결국 저의 삶을 바꿔놓게 됐습니다.

마흔셋, 다시 시작하기에 충분히 이른 나이

다시 돌아간 쪽방촌에서는 그리 오랜 시간을 보내지는 않았습니다. 쪽방촌에는 저보다 더 큰 실패를 겪은 분들, 가슴에 한이 많은 사람들이 많다 보니 사소한 일이 큰 싸움으로 번지는 경우가 꽤 있었습니다. 심지어 그곳에서 숨을 거둔 사람을 두 번이나 보았는데, 한 분은 병원을 갈 돈이 없어서, 다른 한 분은 겨울에 만취한 상태로 밖에서 잠들었다가 눈을 뜨지 못했던 것입니다.

환경의 중요성에 대해 새삼 느끼게 되자 '환경이 운명을 바꾼다'는 말을 믿어보기로 했습니다. 그렇게 환경을 바꾸기로 결심한 후 옮긴 곳은 쪽방촌 근처의 고시원이었습니다. 사실 그곳도 다 쓰러

져가는 낡은 건물이었지요. 1층은 과일가게였고 2층과 4층은 텅 비어 있었습니다. 대신 무척 저렴했지요.

그곳은 화장실을 공용으로 이용해야 했는데, 화장지가 있었던 적이 거의 없습니다. 그렇다고 화장지를 직접 사기는 아까워 신문지를 구겨서 이용하기도 했습니다. 옛날 드라마에나 나올 법한 장면이지만, 그땐 그렇게라도 돈을 아껴야 했지요.

그러던 어느 날, 화장실에 앉아 볼일을 보고 있는데 저 앞에 종이 뭉치 같은 게 보이더군요. 집어서 보니 시중에 나온 책을 제본소에서 제본한 것 같았는데, 그나마도 거의 뜯겨나가고 책 가운데 부분 일부만 남아 있었습니다.

제목조차 모르는 그 책을 별생각 없이 집어 들고 읽어 내려가던 저는 말 그대로 시간 가는 줄도 모르고 그 자리에서 전부 읽어버렸습니다. 그 짧은 시간 동안 몇 번이나 번개라도 맞은 듯 온몸이 찌릿했고, 머릿속에서는 빅뱅이라도 일어난 듯 온갖 생각과 감정이 소용돌이쳤습니다.

거기에는 한 사람의 이야기가 담겨 있었습니다. 마흔이 넘은 나이에 사업 실패로 큰 빚을 졌던 그는 삶을 포기할까 하는 극단적인 생각까지 했지만, 이내 그 모든 것을 이겨내고 지금은 큰 부자가 됐다는, 다소 전형적인 이야기였습니다. 하지만 결국 큰 부자가 됐다는 결말만 빼고 보면 제 이야기와도 같았습니다.

'그걸 이겨내고 부자가 됐다고? 어떻게?'

그 방법이 구체적으로 드러나 있지는 않았습니다. 제게 생명줄이 되어줄지도 모르는 그 부분을 아마도 누군가가 뜯어서 화장지 대신 써버린 것 같았습니다. 하지만 그것만으로도 충분했습니다. 저와 비슷한 듯하면서도 어쩌면 더 절망적인 상황이었던 책 속 주인공이 '독서'와 '마케팅'을 통해 삶을 바꾸었다는 사실을 알게 되었으니까요.

사실 독서와 마케팅, 둘 다 그때까지의 저와는 전혀 관련이 없는 것들이었습니다. 어린 시절부터 독서와는 거리가 멀었고, 마케팅은 제 분야가 아니라 여겼으니까요. 하지만 마치 운명처럼 제 손에 들어온 이 책은 '너보다 절망적인 상황인 나도 이렇게 성공했어'라고 속삭였고, 이내 제 머릿속을 완전히 헤집어 놓았습니다.

마흔셋, 남들은 늦었다 말할지 모르겠지만, 저는 제 운명을 바꿔보기로 결심했습니다. 어차피 바닥에 있으니 더 나아질 일밖에 없다고 생각했고, 뭐라도 해보자는 생각이 제 머릿속을 맴돌기 시작했지요. 그때부터 '책'과 '마케팅 공부'는 제 삶의 화두가 되었습니다. 그리고 결국 그 두 가지가 이후 몇 년 만에 모든 빚을 갚고 그 빚보다 훨씬 큰 자산을 갖게 해주었습니다.

기회는 찾아나서는 자에게만
열려 있습니다

그때까지 저는 영양실조로 쓰러지지 않을 정도로만 식비를 썼고, 고시원 월세를 제외한 나머지는 모두 빚을 갚는 데 썼습니다. 하지만 마흔셋, 내 운명을 바꿔보기로 마음먹은 시점부터는 돈이 들어갈 일이 하나 더 생겼습니다. 바로 책을 사는 것. 물론 웬만하면 서점에서 보거나 도서관에서 빌려 보았지만, 그 와중에 꼭 필요하다 싶은 책은 사서 읽었습니다. 삶을 바꾸기 위한 투자라 생각하면 그 정도는 아깝지 않았습니다.

사람은 위기 상황에 처하면 초능력을 발휘할 수 있다고 하죠? 저는 그 말을 믿습니다. 한창 머리가 잘 돌아가야 할 나이에도 머리가 나빠 그토록 공부를 못했던 제가 마흔이 훌쩍 넘은 나이에 서점 한 구석에 서서 읽은 책의 내용을 지금까지도 기억하는 것을 보면 분명 그렇습니다.

어디선가 '책은 가장 저렴한 대학교'라는 글을 본 적이 있는데, 이 또한 동의합니다. 책에는 한 사람이 짧게는 몇 년에서 길게는 수십 년간 공부하고 경험해 터득한 정수가 담겨 있습니다. 그걸 우리는 단돈 1, 2만 원에 사서 몇 시간 만에 볼 수 있으니까요. 이보다 등록금이 저렴하고 이보다 더 뛰어난 교수진을 갖춘 대학교가 어디 있겠습니까?

마흔 전 인생 경험을 나만의 자산으로 만드는 법

이 무렵에는 마케팅 관련 책을 가장 많이 읽었지만, 그렇다고 딱히 분야를 가리지는 않았습니다. 독서 편식은 밥을 편식하는 것보다 더 위험한 법입니다. 편협한 사고에 사로잡힐 위험이 있기 때문입니다.

2, 3년 사이에 수백 권의 마케팅 책을 집중적으로 읽고 나니 비록 전문가는 아닐지라도 '준전문가'는 된 듯했습니다. 실제로 어지간한 마케팅 이론이나 사례는 막힘없이 술술 나올 정도로 꿰게 됐고, 1인 지식기업가로 자리매김한 후에는 마케팅 수업과 컨설팅도 진행했으니 준전문가라 말해도 무리는 없을 것입니다.

참 놀라운 사실은 그전까진 일하는 시간 외에는 드러누워 쉬었는데도 항상 기운이 없었는데, 그 시간을 오롯이 책을 읽고 마케팅을 공부하는 데 쓰면서부터는 지치기는커녕 오히려 힘이 솟기 시작했다는 것입니다. 사람은 역시 원하는 일, 의욕이 솟아서 열정적으로 하는 일에는 쉽게 지치지 않는 모양입니다.

그렇게 책을 읽으면서 제 안에서부터 변화가 꿈틀대는 것이 느껴졌습니다. 그리고 이 시기에 다시 한번 그런 생각이 들기 시작했습니다.

'언제까지 이렇게 살 수는 없다!'

게임기 판매로 단기간에 수억 원의 빚을 갚은 건 좋았으나, 그 후로 몇 년 동안 빚은 거의 줄지 않았습니다. 이력서를 넣는 족족 떨어졌으니 고정적인 수입도 없었고, 나이가 들수록 일용직 일거리를 찾기도 힘들었기 때문이지요. 사실 그 와중에 책까지 사느라 돈이 더 부족해졌지만, 독서를 멈출 생각은 전혀 없었습니다.

위기에 있을 때 책이 나에게 알려준 것

저는 책을 통해 삶을 바꾸려면 그에 맞는 전략과 행동이 필요하다는 것을 배웠습니다.

우선 저의 강점을 분석해봤습니다. 꾸준히 운동으로 다진 체력과 몸에 밴 성실함은 누구보다도 자신이 있었습니다. 반면에 약점으로는 마흔셋이라는 나이와 다양한 경험을 쌓지 못했다는 것을 꼽았습니다. 강점도 약점도 그보다 더 많았지만, 이것들이 가장 핵심이었지요.

'강점은 살리면서 약점이 크게 문제 되지 않을 만한 일은 뭐가 있을까?'

답은 생각보다 쉽게 나왔습니다. 회사를 퇴직하기 전에 따놓은 '공인중개사 자격증'이 떠오른 것이지요. 공인중개사가 유달리 체력이 좋아야 하는 직업은 아니지만, 체력과 성실함은 어떤 일에서도 충분한 강점이 될 테니까요. 반면 공인중개사 중에는 머리가 하얗게 센 분들도 많고, 은퇴 이후에 시작하는 경우도 많으니 당시의 제 나이는 전혀 문제가 되지 않았습니다. 그러니 마흔셋밖에 되지 않은 제게 경험이 부족하다고 나무랄 사람도 없었죠.

이제 남은 건 단 하나, 저를 써줄 공인중개사 사무소를 찾는 것뿐이었습니다. 먼저, 제게 익숙한 지역이라야 적응하기 편할 거라 생각했습니다. 그래서 당시 거주 중이던 영등포와 예전에 몇 년간 살았던 낙성대 인근을 두고 저울질을 한 끝에 낙성대와 서울대입구 인근이 일을 시작하기 적합하다고 판단했습니다. 근처에 대학이 있으니 원룸에 대한 수요도 많을 거란 생각도 있었고요.

하지만 더 큰 문제가 있었습니다. 공인중개사 사무소에 취직하려면 어떻게 해야 하는지 전혀 몰랐다는 것입니다. 그러나 고민해봐야 답이 나오지 않을 테니 발품을 팔기로 했습니다. 그래서 아예 낙성대 인근의 고시원으로 거처를 옮기고는 며칠 동안 주야장천 걷고 또 걸었습니다. 낙성대부터 서울대입구까지 하염없이 걸으며 눈에 띄는 공인중개사 사무소마다 문을 열고 불쑥 들어가 이렇게 물었습니다.

"혹시 사람 구하시나요?"

다소 무식하지만 확실한 방법을 택한 것입니다.

며칠간 얼마나 많은 곳에 들어갔는지 모르겠습니다. 대부분은

'웬 미친놈이야?'라는 반응이었고, 대꾸는커녕 손짓으로 쫓아내는 사람들도 있었습니다. 반대로 매우 친절하게 맞아주는 분들도 있었지요. 공통점이라면 '사람 필요 없다'는 답이 돌아왔다는 것이었습니다.

서울대입구에 가까워질수록 마음은 초조해져갔습니다. 이제 공인중개사 사무소가 얼마 남지 않았으니까요. 그런데 정말 놀랍게도 서울대입구에 거의 다다랐을 무렵, 한 사무소 사장님께서 이렇게 물었습니다.

"일은 해봤어?"

그 순간, 당연히 쫓겨날 거라 생각했던 저는 당황해서 엉뚱한 대답을 해버렸습니다.

"열심히 하겠습니다!"

귀밑머리가 희끗희끗한 70대의 점잖은 사장님은 저의 동문서답에도 피식 웃으며 고개를 끄덕였습니다.

"그래? 그럼 한번 해봐."

그토록 강조해온 '단무지 법칙'이 제게 새로운 기회를 열어준 셈입니다.

마흔 전 인생 경험을 나만의 자산으로 만드는 법

도움을 구하는
가장 간단한 방법

이때부터 몇 개월간 마치 중국 무협영화에서 나오는 말단 제자처럼 화장실 청소부터 차근차근 일을 배워 갔습니다. 그간 혼자 일하시다가 나이가 들면서 점차 힘에 부쳤던 사장님은 새로 온 젊은이가 열심히 하니 무척 흐뭇해했습니다. 문제는 단 하나, 사장님이 사람은 정말 좋지만 능력이 없다는 것이었습니다. 무언가를 가르쳐줄 때면 본인도 헷갈리기 일쑤였고, 손님이 많지 않다 보니 저에겐 실무를 쌓을 기회도 부족했습니다. 당연히 수입도 거의 끊겼지요.

그렇게 한두 달이 지나니 저로서는 절박해질 수밖에 없었습니다. 지식, 경험, 돈 그중 어느 것도 늘어나지 않았으니까요.

그러던 중 인근 공인중개사들의 모임이 있다기에 사장님을 대신해 제가 나가기로 했습니다. 그리고 그곳에서 저는 또 한 번 나를 한층 성장시켜줄 사람을 만나게 됐습니다. 그는 그 모임에서 가장 어린 20대 청년이었습니다.

그 청년의 전화기는 쉴 새 없이 울려댔습니다. 심지어 전화기를 두 대 가지고 있었는데, 두 대가 번갈아가며 울려댄 것입니다.

"저분은 누군가요?"

"아, 저 친구? 이 근방 에이스야. 일을 어찌나 잘하는지, 돈을 죄다 긁어모으는 거 같아. 한 달에 3,000만 원은 기본으로 번다던

데……."

그 말을 들은 순간, 저는 벌떡 일어나 염치 불구하고 그 청년에게 다가갔습니다. 그리고 이번에도 단순하고 무식하게, 하지만 진심을 담아 도움을 요청했지요. 흔히들 놓치고 지나가는 사실이 있는데, 도움을 요청하면 대부분의 사람들은 의외로 기꺼이 도와준다는 것입니다.

그 청년 역시 귀찮은 기색 없이 자신의 노하우를 알려주었습니다.

"그러니까, 블로그 마케팅으로 그렇게 한 거라고요?"

"네, 그렇습니다."

그 순간, 상황이 이해가 됐습니다. 대학가 근처인 만큼 자취할 곳을 구하는 대학생이 많을 수밖에 없는데, 그들은 모두 인터넷에 익숙한 세대니 블로그나 인터넷 카페에서 정보를 구하는 게 자연스러웠을 것입니다. 그러나 그 인근의 공인중개사들은 대부분 연령대가 높다 보니 블로그 활동을 한다 해도 20대 대학생들의 마음을 움직이기는 힘들었을 겁니다. 반면 이 청년은 본인이 20대니 그들에게 어필하는 방법을 잘 알고 있었겠지요.

하지만 그게 전부는 아니었습니다. 그의 고객층은 정말로 다양했거든요. 이는 그에 대한 신뢰도를 더욱 높여주었습니다.

저는 그를 붙들고 거의 매달리듯이 이렇게 말했습니다.

"나를 종처럼 막 부려도 좋으니
블로그 마케팅 좀 알려주세요."

보통 '꼰대'들이 청년들에게 하고 싶은 일을 할 수 있게 해준다는 명목으로 임금을 낮게 책정하는 '열정페이'가 있습니다. 이 경우에는 오히려 반대로 40대인 제가 열여섯 살이나 어린 청년에게 "내가 열정페이로 일할게요!"라고 말한 셈입니다. 청년은 제 제안을 받아들였습니다. 이렇게 스물일곱 살의 '어린 스승'과 마흔세 살 '늙은 제자'의 연이 시작된 것입니다.

가끔 생각해봅니다. 이때 내가 그에게 도움을 청하지 않았더라면? 아마 지금보다는 훨씬 오래, 더 힘든 시기를 보내야 했겠지요. 그래서 저는 사람들에게 말합니다. 도움이 필요하면 도움을 청하라고요. 사람들은 누군가를 돕는 데 그리 인색하지 않습니다.

책이 아닌
현장에서 본 마케팅의 힘

몇 개월간 저는 그 청년을 따라다니면서 비서처럼 일했습니다. 청년이 바쁠 때는 제가 손님을 맞았고, 그가 자리를 비우면 사무실로 오는 전화를 대신 받기도 했습니다. 이동할 때는 운전도 해줬지요. 보수는 거의 없었지만, 대신 블로그 마케팅을 어떻게 하는지 그리고 어떻게 일해야 하는지 배울 수 있었습니다.

이 친구는 단순히 마케팅만 잘하는 게 아니었습니다. 쇼핑호스트, 장문정이 쓴 『팔지 마라 사게 하라』(쌤앤파커스/2013)라는 책이 있습니다. 보는 내내 감탄하면서 읽었던 책인데, 이 친구가 일하는 방식이 한마디로 딱 그런 모습이었습니다. 제가 본 대부분의 사람들은 하나라도 더 팔기 위해 고객들에게 매달리듯 호소하거나 상품의 장점을 설명하느라 정신이 없었지만, 이 친구는 무척 과감하게 나설 때가 있었습니다.

한번은 고객과 통화 중 대뜸 이렇게 말하더군요.

"그럼 돈은 있어요? 없으면 안 되는데…… . 이거 워낙 싸게 나와서 당장 보러 오겠다는 사람 많아요. 그런데 뭐, 다른 분도 아니고 박 사장님이니까 특별히 지금 계약금 넣어주시면 가장 먼저 보여드릴게요."

저로서는 상상도 할 수 없는 일이었습니다. 아무리 인기 있는 물건이라 해도 먼저 계약금을 받고 보여주겠다는 공인중개사는 본 적이 없었거든요. 더구나 사실 그리 인기가 있는 물건도 아니었습니다. 그럼에도 이 고객은 조바심에 냉큼 계약금을 입금했지요. 게다가 사람 심리가 참 묘한 게, '높은 경쟁률을 뚫고 내게 가장 먼저 기회가 왔다, 놓칠 수 없다'는 생각 때문인지 실제 계약까지 순식간에 완료되곤 했습니다. 좋은 물건이라 지금 계약하지 않으면 놓치

마흔 전 인생 경험을 나만의 자산으로 만드는 법

고 후회할 거라는 말이야 흔히 하지만, 계약금을 먼저 받는다는 과감한 전략이 통한 사례였습니다.

그리고 이 친구를 보면서 마케팅의 힘을 확실히 깨닫게 됐습니다. 누군가 그런 말을 했습니다. 영업이 파는 것이라면 마케팅은 사러 오게 하는 것이라고요. 이 청년은 블로그 마케팅을 통해, 전화 통화를 통해, 심리전을 통해 이를 해냈습니다.

그렇다고 단순히 말만 잘하거나 심리적으로 '밀당'만을 잘하는 것도 아니었습니다. 그가 사용한 블로그 마케팅은 당시에 제가 보기에는 정말 획기적이었으니까요.

이미 마케팅에 관심을 가지고 수많은 책을 탐독했고, 심지어 블로그로 게임기 판매를 해 상당한 성과를 내본 경험이 있음에도 이 친구의 블로그를 보면 부끄러워질 지경이었습니다.

처음 그 블로그에 접속했을 때 가장 먼저 눈에 띈 게시물의 제목은 이런 식이었습니다.

"초보자가 원룸 계약할 때 반드시 체크해야 할 세 가지."
"보증금 떼이지 않고 지켜내는 가장 확실한 두 가지 방법."

이게 과연 물건을 팔겠다는 공인중개사의 블로그인지 부동산 상식을 알려주는 블로그인지 알 수가 없을 정도였습니다. 하지만 이는 매우 효과적인 방법이었습니다. 정보가 필요한 사람들의 검색을 통해 유입률을 높였고, 블로그를 방문한 사람들에게 신뢰감을 주었으며, 창을 닫지 않고 머무는 시간을 길게 만든 것입니다. 요즘에는 흔한 전략이 돼버렸지만, 당시만 해도 이런 식으로 홍보하는 사람은 보지 못했기에 충격적이기까지 했습니다.

또한 이 친구의 블로그는 폴더별로 정리가 깔끔하게 돼 있어 고객들이 일일이 검색하거나 게시물 하나하나를 읽어야 하는 수고를 덜어주었습니다. 이를테면 원룸 하나만 해도 월세에 따라 20만 원대, 30만 원대, 40만 원대, 50만 원 이상으로 구분했고, '서울대에서 도보 20분 이내 원룸'이라거나 '지하철에서 가까운 원룸', '주방 분리형 원룸' 등 다양한 카테고리로 세분화한 것입니다. 그러니 고객들은 원하는 조건의 폴더를 열어 바로 비교해볼 수 있으니 한결 편하게 원하는 물건을 찾을 수 있었지요.

그리고 다른 사람들이 간과했던 그의 강점을 저는 또 하나 발견했습니다. 바로 '꾸준함'이었습니다. 인근에서 가장 인기 있는 공인중개사답게 무척 바쁨에도 불구하고 저녁 7시쯤 퇴근해 잠자리에 들기 전까지 몇 시간이나 블로그를 관리하고 글을 올리더군요. 바로 이런 성실함과 꾸준함이 그를 일대 최고의 공인중개사로 만든 밑바탕이었던 것입니다. 성실함이라면 누구에게도 질 생각이 없었던 제게, 그는 희망의 불꽃을 다시 심어주었습니다.

마흔 전 인생 경험을 나만의 자산으로 만드는 법

탄탄하게 쌓아 올린
내공의 결실

어린 스승을 따라다니면서 몇 개월간 배운 끝에 드디어 독립(?)을 할 시기가 왔음을 느꼈습니다. 마케팅 방법과 고객 응대 노하우를 하나라도 놓치지 않기 위해 두 눈 크게 뜨고 지켜봤고, 블로그 활동을 '성실하고 꾸준하게' 하는 것은 저의 유일한 강점과도 잘 맞았으니까요.

하지만 당장 내 개인 사무실을 열 돈은 없었기에 또다시 누군가와 함께해야만 하는 상황이었습니다. 그때 마침 인근 공인중개사 사무소의 사장님 한 분이 제게 함께 일해보지 않겠느냐고 제안을 해왔습니다. 제가 그 청년을 따라다니면서 배웠다는 사실도 알고 있었고, 또 그전부터 성실함은 이미 정평이 나 있었기 때문에 먼저 손을 내민 것이지요. 저 또한 경험을 쌓을 자리가 필요했기에 선뜻 함께하기로 했습니다.

기본급이 없는 대신 계약 건마다 수익의 30퍼센트를 받는 조건이었습니다. 실제로 일은 제가 거의 다 할 터였으니 30퍼센트라면 적게 보일 수도 있지만, 아직 초보였던 제게는 나쁜 조건이 아니었습니다.

이때의 저는 정말 물 만난 물고기처럼 마음껏 능력을 발휘했습니다. 백 권이 훌쩍 넘는 마케팅 책으로 쌓은 지식에 어린 스승님을 모시며 배운 블로그 마케팅이 합쳐지자 그야말로 폭발적인 반응이 일어난 것이지요. 물론 어린 스승님만큼은 아니지만, 쉴 새 없이 전화기가 울려대기 시작했습니다. 그리고 불과 5개월 정도 지났을 때, 제가 일하던 사무소가 일대에서 두 번째로 잘나가는 곳이 되어 있었습니다.

그때 이를 지켜보던 한 분이 제게 파격적인 제안을 해왔습니다.

"이 소장, 아직도 7 대 3이라면서? 그게 말이 돼? 거기 돈 누가 다 벌어다 준 건데? 그러지 말고 나랑 하지. 기본급 200에 5 대 5! 차도 마음껏 써도 돼! 어때?"

사실 다른 곳으로 옮긴다는 게 제게 기회를 준 사장님을 배신하는 것 같아 망설여졌지만, 빚이 잔뜩 남은 상황에서 결국 돈 앞에 의리는 힘을 잃었습니다. 게다가 실제로 제 덕분에 이전보다 몇 배의 수익을 올리게 됐음에도 여전히 7 대 3이라는 조건을 유지한 것은 저로서도 다소 서운했으니까요.

이렇게 옮긴 곳도 몇 개월 만에 손님이 끊이지 않는 상황이 됐습니다. 블로그 마케팅에 물이 오를 대로 올랐던 데다가 자는 시간을 줄여가면서까지 일한 덕이었지요. 이곳에서 저는 머지않아 어린 스승님의 사무소와 비슷한 정도까지 수익을 올리게 됐습니다. 그리고 사장님은 일에서 거의 손을 떼는 대신 저에게 70퍼센트라는 파격적인 수익을 제안하기에 이르렀지요. 저를 놓치고 싶지 않다는 말씀도 덧붙였는데, 그 한마디가 제게는 70퍼센트의 수익보다도 더 힘이 됐습니다. 항상 꼴찌를 도맡아 했다는 열등감으로 인한 상처가 치유되는 느낌이었습니다.

이 기간에 빚도 상당 부분 갚을 수 있었습니다. 심지어 이 무렵에는 사채업자들과 거의 형님 동생 하며 지내는 정도였지요. 그런 신뢰가 있었기에 그들에게 양해를 구하고 5,000만 원 정도를 따로 모았습니다. 그 돈으로 제 사업을 시작해 더 빨리 돈을 모아 더 빨리 갚겠다는 말에 그들도 동의를 한 것입니다.

그렇게 어렵사리 모은 5,000만 원으로 서대문구에 공인중개사 사무소를 개업했습니다. 내게 사기를 치거나 나를 이용해먹으려 드는 동업자가 없는, 온전한 제 사업을 개업하던 그날, 사무실 현판을 바라보며 하염없이 눈물을 쏟았습니다. 아직도 수억 원의 빚이 남아 있고 나이는 어느덧 마흔 중반에 접어들었지만, 저는 이렇게 또다시 한 발을 내디딘 것입니다. 책에 담지는 않았지만 중간에 두 번이나 극단적인 선택을 하고자 마음먹은 적도 있던 저로서는 빚의 절반 정도를 갚은 것만으로도 남은 삶을 살아갈 용기를 얻을 수 있었습니다.

서른 중후반의 나이에 10억 원이 넘는 빚을 지고 신용불량자가 되어 길거리와 쪽방촌, 고시원을 전전하던 끝에 내가 가야 할 길이 어디인지 어렴풋이나마 보았고, 어깨를 짓누르던 짐을 절반 정도 덜어냈으니 다시 꿈을 꾼다 한들 누가 저를 손가락질 할 수 있었을까요?

빚을 졌던 시기로부터 10여 년이 넘게 흐른 시점이었지만, 내가 삶의 주인이 되어 주도적으로 빚을 갚았던 시기는 공인중개사의 길을 택하고 실제로 일을 했던 3년여에 불과했습니다. 그 기간에 빚을 제법 갚고 제 사업까지 시작할 수 있게 되었으니 감개무량한 일입니다.

이 모든 것은 그간 여러 가지 경험뿐 아니라 마흔셋의 나이에 운명의 책을 만나 독서와 마케팅 공부에 힘을 쏟으며 쌓아올린 탄탄한 돈 내공이 있었기에 가능했습니다. 그리고 이 내공이 이후의 인생 역전에 있어서도 확실한 발판이 되어주었음은 물론입니다.

5장

어떤 실패도
두렵지 않을 정도의
돈 내공

돈 너머
더 높은 목표가 필요합니다

제가 빚을 다 갚은 것은 제 사무실을 연 후로도 몇 년이 흐른 2015년이었습니다. 그리고 드디어 빚을 다 갚은 저는 대학 시절 이후 처음으로 어머니와 함께 살게 됐습니다.

사실 저는 어머니께 사업 실패 이야기를 하지 않았습니다. 아들이 빚쟁이들에게 쫓기고 있다면 어느 어머니가 걱정과 불안으로 지새우지 않겠습니까. 그래서 형님에게도 그 사실을 숨겼고, 빚더미에서 허우적대면서도 어떻게든 한 달에 한 번은 어머니를 모시고 근사한 식당에서 식사를 했습니다. 큰돈을 벌고 있지는 못해도 안정적인 사업가로 보이고 싶었던 것이지요.

물론 저도 알고 있습니다. 어머니께서 눈치채지 못하셨을 리 없다는 것을요. 자식 문제에 대한 어머니들의 촉은 무서울 정도니 정확한 사정까지는 모르셨더라도 아마 제게 큰 문제가 생겼음은 아셨을 겁니다. 게다가 제가 노숙 생활을 하면서 이리저리 도망 다녔을 때 사채업자들이 가족을 찾아가지 않았을 리가 없겠지요.

앞으로도 그 문제를 어머니께 고백할 마음은 없습니다. 짐작만 하시는 것과 실제로 그 사실을 듣는 건 다른 문제인 데다 굳이 다시 이야기를 꺼내서 어머니의 마음을 아프게 하기는 싫으니까요.

10년이 넘는 시간 동안 주홍글씨처럼 나를 따라다니던 빚도 갚고, 그리 넓지는 않아도 제 명의로 된 아파트에서 어머니를 모시게 됐으니 분명 기쁘고 행복한 일이었지만, 이상하게도 마음 한구석은 허전했습니다. 시간이 더 흐르자 약간의 무기력증과 함께 조금 우울한 느낌까지 들었지요.

저조차도 이해할 수 없었던 제 마음에 적잖이 당황했습니다. 그 많던 빚을 갚고 이제야 자식 된 도리를 좀 할 수 있게 됐는데, 갑자기 웬 우울함이란 말입니까.

그렇게 쉰의 목전에서 고민하고 또 고민한 끝에, 드디어 무기력과 우울함의 원인을 찾아냈습니다. 바로 '삶의 목적을 잃은 데서 오는 허탈함'이었던 것입니다.

빚을 갚는 것과 어머니를 모시고 사는 것은 제게 지난 10여 년간 최우선이자 무슨 일이 있어도 이루어야 할 목표였습니다. 그리고 그 목표를 이루었습니다. 문제는 다음 목표가 명확히 정해지지 않았다는 것이었습니다. 부자가 되고 싶었으니 그것도 목표라면 목표겠지만, 목적은 될 수 없었지요. 당시의 수입을 생각한다면 돈을 많이 버는 건 시간문제에 불과했거든요.

'이제 무엇을 위해 살고, 무엇을 위해 일해야 하지? 부자가 되기 위해? 음……. 부자가 되면 뭐할 건데? 놀고먹는 건가? 내가 원하는 건 그게 아닌데. 그럼, 내가 원하는 건 뭐지?'

질문은 꼬리에 꼬리를 물고 생겨났습니다. 그러나 답은 쉽게 나오지 않았지요.

그러던 중 마흔셋에 내 삶을 송두리째 바꿔놓은 그 책이 불현듯 떠올랐습니다. 내게는 목숨을 구한 책이라고 해도 과언이 아닌 바로 그 책 말입니다. 그리고 곧이어 어떤 생각이 섬광처럼 머릿속을 스쳐갔습니다.

'그래! 그 책이 나를 구했듯이 나 역시 사람들이 나 같은 어려움을 겪지 않도록 돕는 거야!'

그렇게 새로운 목표가 정해진 후로는 다시 평정심과 행복을 되찾을 수 있었습니다. 그리고 오히려 더 열심히, 더 많은 일을 할 수 있게 됐지요. 세상에는 제 도움을 기다리는 무궁무진한 사람들이 있을 테니까요. 이들에게 제 경험과 지식을 공유하고 또한 이들을 위해 새로운 도전을 한다는 것은 생각만 해도 신나는 일이었습니다. 실패하더라도 제가 기꺼이 감내할 수 있는, 그리고 다시 일어설 수 있게 해줄 목표니까요.

삶에는 목적이 필요한 법입니다. 단순히 돈을 많이 벌겠다, 부자가 되겠다는 목표는 인생의 목적을 이루기 위한 하나의 과정이자 수단일 뿐 누군가의 사명이 될 수는 없습니다. 그리고 이런 사명, 즉 삶의 목적이 없다면, 아무리 돈이 많다고 해도 금방 무기력해지고 오래 지속되는 진정한 행복까지 누리기는 어려울 것입니다.

은퇴자를 위한 경제 솔루션을 제공한다는 것

사람들이 경제적으로 어려움을 겪지 않도록 돕겠다는 의도야 고상하지만 그렇다고 아무나 붙들고 도와줄 수도 없는 노릇입니다. 그러니 어떤 사람에게 어떤 도움을 줄 것인가를 명확히 해야만 했지요.

마흔 전 인생 경험을 나만의 자산으로 만드는 법

여기에서도 마케팅을 공부한 것은 큰 도움이 됐습니다. 타깃을 명확히 정하고 무엇을 어떻게 전달할지 고민하는 것은 마케팅의 기본이니까요.

많은 고민 끝에 저는 어떤 사람들에게 무엇을 제공할지 그리고 그것을 어떻게 제공할지까지 정리할 수 있었습니다.

내가 가장 잘 이해할 수 있는, 그러면서도 아직 사회에서의 대비책이 부족한 사람들, 갈수록 경제적으로 큰 문제가 될 수 있고 점점 이슈가 될 위치의 사람들. 바로 '은퇴자'의 인생 2막을 위한 재테크를 돕는 것이 제가 해야 할 일이라는 결론을 내린 것이지요.

그 방법으로 선택한 건 컨설턴트로서 상담을 하고 활발하게 강의를 하는 것이었습니다. 이를 위해 캠퍼스를 설립하고 블로그와 페이스북을 비롯한 SNS에서 정보를 공유했지요. 이는 지금도 활발히 하고 있는 활동입니다.

하지만 더 많은 사람들과 더 많은 노하우를 공유하려면 다른 방법이 필요했습니다. 때마침 '유튜브'가 한창 인기를 얻기 시작할 무렵이었습니다. 많은 사람이 공유하기에는 이보다 더 좋은 채널이 없었지만, 솔직히 망설여지기도 했습니다. 당시만 해도 유튜브는 어린아이들과 젊은 사람들이나 보는 것이라는 편견이 있었거든요. 괜히 시도했다가 시간만 버리고 망신을 당할지도 모른다는 두려움에 선뜻 나서질 못했습니다.

하지만 이 역시 감내해야 할 일이었습니다. 단 한 명이라도 제 영상을 보고 도움을 받게 된다면 이는 실패가 아니라는 생각이 들었지요. 한 사람의 인생을 바꿀 수도 있는 일이라면, 다른 사람들의 손가락질 정도는 감당해보기로 했습니다. 그래도 참 다행인 점은 반응이 매우 좋아 1년 반 만에 30만 명에 이르는 구독자가 생겼다는 것입니다. 그만큼 많은 사람에게 제 노하우를 공유할 수 있게 됐으니까요.

그렇다고 꼭 높은 수준의 목표를 가져야 하는 이유가 단순히 도덕적인 이유 때문만은 아닙니다. 요즘은 이타적인 행동이 곧 부로 이어지기도 하는 시대입니다. 저 또한 유튜브 구독자가 30만 명에 이르게 되면서 현재는 유튜브만으로도 한 달에 1,000만 원 이상의 수익을 올리고 있습니다. 처음부터 의도한 바가 아니었음에도 이렇게 짧은 시간에 급속도로 성장할 수 있었던 것은 기본적으로 탄탄한 내공에서 나오는 양질의 콘텐츠 때문이기도 하지만, 어려운 처지에 놓인 사람을 돕겠다는 바로 그 진심이 통한 덕분이라 생각합니다.

——— 결국 사람을 크게 성장시키는 건 실패입니다 ———

지나간 삶을 추적하다 보니 결국 결론은 앞에서 말한 것과 똑같

마흔 전 인생 경험을 나만의 자산으로 만드는 법

아지는 것 같습니다. 실패가 사람을 성장시키는 기회라는, 바로 그 이야기 말입니다. 단점조차 뒤집으면 강점이 되는 것이 현실이고, 한때는 실패를 불러왔던 약점도 잘만 이용하면 더 큰 성장을 불러오기 때문입니다.

아버지 이야기를 조금 더 하자면, 말 그대로 호인好人이었습니다. 정말 온화하고 점잖았으며 항상 따뜻한 미소를 잃지 않는 분이었지요. 놀라운 이야기일 수도 있는데, 우리 형제는 단 한 번도 아버지께 야단을 맞아본 적이 없습니다. 화를 내지 않는 분이었으니까요.

하지만 그런 아버지가 웃음기 없이, 진중하게 말씀하실 때가 종종 있었습니다. 그리고 그럴 때면 저는 정말이지 뼛속까지 긴장을 했습니다. 과장이 아니라, 그럴 때마다 정말 '목숨 걸고' 그 말을 지키게 되더군요. 사람을 움직이는 데 꼭 호통과 큰소리가 전부는 아님을 아버지를 통해 배운 것이지요.

이는 제 성격에도 큰 영향을 미쳤습니다. 저는 지금도 싸움이나 논쟁을 좋아하지 않습니다. 그래서 그런 상황이 애초에 일어나지 않도록 하는 데 힘쓰는 편입니다.

어린 시절에는 이런 제 성격이 무척 싫었습니다. 제 또래의 남자들은 어릴 때부터 '남자다움'을 강요받으며 살아왔습니다. 부모님은 한 번도 제게 그런 강요를 하신 적이 없지만, 사회적으로는 저 또한 강요를 받아왔지요. 남자는 태어나서 세 번만 울어야 하고, 남들 앞에서 약한 모습을 보여서는 안 되며, 부드러움은 남성에게 필요한 덕목이 아니라고 배웠습니다. 힘과 카리스마, 리더십이 남성에게 필요한 요소의 9할은 된다고 배웠던 것 같습니다. 그러니 다소 유약한 제 성격이 스스로 마음에 들 리가 없었지요.

하지만 지금은 압니다. 당시에는 그렇게 고치고만 싶었던 '무탈하고 평탄한 것을 좋아하는 성격'이 저의 장점 중 하나라는 것을요. 이런 성격 때문에 재테크 역시 '큰 한 방'을 노리기보다는 '안전하고 꾸준한 수익'을 내는 쪽을 선호하게 됐을 테니까요.

저는 그렇게 생각합니다. 병원에 가면 의사가 각 환자에 맞는 진단과 처방을 내리듯 재테크에도 각자에게 맞는 방법이 있다고요.

안정적이고 꾸준한 현금흐름을 만드는 방법이 제게 잘 맞았던 것처럼요. 더구나 40대 중반에 접어들어서야 재테크와 투자에 관심을 가지게 됐으니 더더욱 그랬을 수밖에요. 인생 2막의 돈 버는 방법은 '안정적인 현금흐름 확보'에 초점을 맞춰야 하는데 그게 제 개인적인 기질이나 성격과도 잘 맞았던 것입니다. 앞으로 차차 설명하겠지만, 이처럼 안정적인 현금흐름을 확보할 수 있다면, 이를 꾸준히 반복해야 합니다. 그러다 보면 어느 순간 '안정적'이면서도 '큰' 수익이 '꾸준히' 들어오게 되어 있습니다.

저는 어릴 때부터 '실패의 아이콘'에 가까웠습니다. 학생의 본분은 공부라고 흔히들 말합니다. 그렇다면 항상 성적이 최하위권이었던 저는 실패한 학창 시절을 겪었다고도 할 수 있습니다.

그렇다면 이런 누적된 실패들이 저를 약하게 만들었을까요? 아니, 오히려 그 반대입니다.

매번 성적이 좋지 않았기에 저는 머리가 나쁘다는 사실을 잘 알고 있었고, 교만해질 틈이 없었습니다. 자연스레 남들보다 배는 열심히 하는 태도가 몸에 뱄지요. 그리고 앞서 이야기했듯이 이런 성실함과 꾸준함은 때로 저를 배신하기도 했지만, 거의 대부분은 빛을 발했습니다.

인생 2막을 준비하는 분들이 20대 청년들보다 더 몸을 사리는 이유가 뭘까요? 20대는 실패해도 이를 만회할 시간이 더 많으니까?

그렇다면 이렇게 생각해보는 건 어떨까요? 대신 우리에게는 '더 많은 실패를 경험하고 인내한 경험'이 있습니다. 실패를 하더라도 회복탄력성이 훨씬 뛰어나다는 의미입니다. 그러니 같은 인생 2막을 살아가는 사람으로서 부디 당부합니다. 하고 싶은 게 있다면, 당신의 내공을 믿고 도전하세요. 실패가 두려워 아무런 시도조차 하지 않다가 얼마 남지 않은 기회들을 모두 놓쳐버린 후에야 땅을 치고 후회하는 일이 없도록 말입니다.

부자들의 행동 습관, '단무지 법칙'

부자가 되는 길에 '공식'은 없어도 '법칙'은 있습니다

"부자가 되는 공식은 무엇일까?"

많은 사람이 이 질문에 답하고자 시도해왔습니다. 그 결과로 '부자가 되는 법'에 대한 책이 쏟아져 나오고 있지요. 개중에는 수입 중 소비와 저축, 투자에 쏟아야 할 비율을 정해주는 사람도 있습니다. 또는 부자가 되려면 무조건 주식을 사야 한다거나 부동산 경매를 해야 한다고 주장하기도 합니다. 대부분 자신의 경험에 근거해 일률적인 방법만을 이야기하지요.

물론 그런 공식이나 방법을 따르면 분명 도움은 될지도 모릅니다. 하지만 이토록 급변하는 시대에 부자가 되는 영원불

변의 공식 같은 것은 없습니다.

　게다가 부자가 되는 길과 방법은 사람마다 다를 수밖에 없습니다. 사람마다 성격과 투자 성향, 현재 가진 자금과 수입, 가족 구성과 환경 등이 서로 다른데 어떻게 똑같은 방법으로 부자가 될 수 있겠습니까? 그건 병원에서 의사가 환자의 증상을 진단조차 하도 않고 모두 똑같은 치료법과 같은 약을 처방하는 것과 같습니다. 좀 과장하면, 뼈가 부러진 사람과 감기에 걸린 사람을 같은 방법으로 치료하려 하는 셈이지요. 부자가 되고 싶다면 흔히 알려진 공식 같은 것에 기댈 게 아니라 부자가 되는 자신만의 길을 찾는 것이 우선입니다.

　그러나 아무리 시대가 달라져도 변치 않는 가치는 있게 마련입니다. 수천 년 전이나 지금이나 자식을 향한 부모님의 사랑이 변치 않듯이, 어느 시대든 겸손한 사람만이 성공을 오래도록 유지할 수 있었던 것처럼, 시대를 초월하는 가치와 원칙은 있는 법이지요.

　그렇기에 저는 부자가 되려는 사람에게 특정한 방법이나 공식 이전에 반드시 지켜야 할 보편적 법칙부터 익히라고 합니다. 부동산 경매를 하건 사업을 하건, 부자가 되려면 반드시 체화해야 할 행동 습관이라고도 할 수 있습니다.

저는 이를 '단무지 법칙'이라 부릅니다. 앞서 이야기했듯이 '단순하게, 무식하게, 지속적으로'의 머리글자를 딴 것으로, 특히 인생 2막을 준비하는 사람이라면 절대 잊지 말아야 할 법칙입니다. 제가 봐온 모든 부자들, 저와의 상담을 통해 만족스러운 인생 2막을 살고 있는 모든 분들, 그리고 제 자신이 직접 효과를 본 법칙이기도 하지요.

단순하게, 무식하게, 지속적으로 하면 이루어집니다

제가 처음 유튜브에 영상을 올린 것은 2016년입니다. 하지만 본격적으로 유튜버로서 활동하기 시작한 것은 2018년 봄이었습니다. 이전까지는 홈페이지에 올렸던 영상을 공유하는 정도였다면 이때부터는 제 채널의 구독자들을 위해 맞춤형 영상을 만들어 올리기 시작했으니까요. 그리고 불과 1년 반이 지날 무렵, 구독자 수는 30만 명을 넘어섰습니다.

구독자 수가 같다 해도 유튜버의 수익은 서로 다르지만, 저는 20만 명 정도 모였을 때부터 광고 수익으로 월 1,000만 원 정도를 벌 수 있었습니다. 부동산 컨설턴트나 투자자로서만이 아니라 유튜버로서 제가 길지 않은 기간에 이런 성과를 거둘 수 있었던 것 역시 단무지 법칙 덕이었지요.

단순하게 해야 기회를 잡을 수 있습니다

우선 저는 어떤 콘텐츠를 만들 것인가를 정할 때 정말이지 '단순하게' 생각했습니다. 내가 잘할 수 있는 이야기, 즉 지금 껏 해왔던 것부터 영상으로 만들어야겠다는 생각이었지요.

너무도 당연한 이야기입니다. 몇 년쯤 준비할 시간이 있다 면 모를까, 빨리 시작해야 한다면 잘하는 것부터 해야겠지요. 누구에게나 그게 최선입니다.

저는 그전부터 부동산 투자자이자 컨설턴트로서 '은퇴자가 행복한 인생 2막을 위해 경제적 자유를 찾아가는 방법'에 대 해서 누구보다도 많이 고민해온 사람입니다. 그게 제 업業이 기도 하고요. 그러니 어떤 채널을 운영할 것인지는 매우 쉽게 정해졌습니다.

"50대 전후의 은퇴자 또는 예비 은퇴자의
행복한 인생 2막을 위한 부동산 채널."

그런데 당시만 해도 저처럼 50대에 접어든 유튜버는 찾아보기 힘들었습니다. 더구나 부동산 투자에 대한 이야기를 주로 다루는 채널도 10개를 조금 넘는 정도였지요.

그렇다면 아직 시장(50대 유튜버, 부동산 채널)이 무르익지 않았으니 포기해야 할까요? 저는 정말 단순하게 생각했습니다.

'아무도 안 하면 내가 먼저 시작하자.'

이건 나중에 알게 된 건데, 우리나라의 유튜브 이용자 통계를 보면 50대 이상이 가장 많이 이용한다고 합니다. 그런데도 정작 그 연령대를 제대로 이해하는 유튜버도 드물었고 그들을 위한 채널 역시 거의 없었으니, 돌이켜보면 정말 기회였던 셈입니다. 그렇게 '단순하게' 생각한 덕에 그 기회를 잡을 수 있었지요.

무식하게 하다 보면 임계치를 넘게 됩니다

일단 채널의 방향과 콘셉트를 정한 뒤, 그때부터 다시 차근차근 준비를 시작했습니다. 최대한 빨리 시작하고 싶었지만,

당시의 저는 영상을 어떻게 만들어야 할지도 전혀 알지 못했으니까요.

당시는 유튜브 관련된 책도 거의 찾아볼 수 없었던 때라 가능한 한 많은 영상을 보는 것이 최선이었습니다. 그래서 제가 만들고자 하는 콘텐츠와 유사성이 있는, 재테크 관련 영상들을 '닥치는 대로' 보기 시작했습니다. 구독자가 많은 채널과 조회 수가 높은 영상 위주로 볼 수 있는 만큼 본 것이지요. 유튜브에는 영상을 2배속으로 보는 기능이 있는데, 이를 이용하면 10분짜리 영상을 한 시간 만에 10여 개를 볼 수 있습니다.

이 무렵은 먹고 자는 시간을 빼고는 유튜브 영상을 보고 분석하는 데 썼습니다. 밥을 먹으면서도 봤고, 화장실에서 볼일을 볼 때도 손에서 스마트폰을 놓지 않았지요. 그렇게 하루에 100편도 넘게, 한 달도 안 되는 시간에 수천 편의 영상을 보고 정리했더니 조금씩 감이 오기 시작했습니다. 그러고 나서 영상 만드는 작업을 시작했지요. 영상을 만드는 노하우에 대해서는 뒤에서 더 자세히 설명하겠습니다.

지속적으로 해야 부가 따라옵니다

———

저보다 더 많은 지식과 노하우를 가진 사람도 많은데 그들은 왜 유튜버로서 성공하지 못했을까요? 너무 복잡하게 따지고 계산하느라 시작조차 하지 못하는 분이 많다는 것이 첫 번째 이유입니다. 하지만 막상 시작을 해도 자리를 잡지 못하는 분이 정말 많습니다. 바로 지금부터 이야기할 '단무지 법칙의 완성', 즉 '지속적으로' 하는 힘이 부족하기 때문입니다.

유튜브 시장도 전쟁터와 다름없습니다. 정말 치열한 시장이고, 경쟁은 날이 갈수록 심해지고 있지요. 이제 주위를 잘 찾아보면 유튜브 하는 사람 한 명쯤은 다 있을 정도지요.

이런 상황이니 초반에는 영상을 올려도 반응이 영 신통치 않고 구독자도 잘 늘어나지 않습니다. 하지만 그렇다고 영상을 한 달에 하나씩 올린다면 그나마 있던 구독자들조차 떨어져 나갈 수밖에 없습니다. 그래서 유튜버에게는 꾸준함이 그 무엇보다 중요한 덕목입니다.

저 역시 지금껏 일주일에 다섯 개씩 꼬박꼬박 영상을 만들어서 올리고 있습니다. 사람들의 반응이나 조회 수, 구독자 수에 연연하지 않고, 단순하고 무식하게, 그리고 지속적으로 올렸지요. 그리고 그 행동 습관이 곧 월 1,000만 원 이상의 수익으로 이어졌습니다.

인생 2막을 돈 걱정 없이 살고 싶은가요? 그렇다면 명심하십시오. 투자를 하건 저축을 하건 1인 지식기업가로 활동을 하건, '단무지 법칙'을 지켜야만 성공할 수 있다는 점을요.

2부 | 부와 운을 최대치로 끌어올리는
　　　| 인생 2막의 성공 법칙

마흔 이후
돈 버는 무기는
2030과
다릅니다

인생 2막에 다시 시작하는 부자 수업

인생 2막,
스펙과 학력이 무의미해지는 시기

인생 2막을 위한 무기 세 가지

흔히 지금이 4차 산업혁명 시대라고들 합니다. 그만큼 큰 변화의 시대를 우리는 살아가고 있는 것입니다. 사실 인생 2막을 준비하는 우리에게 4차 산업혁명이 정확히 무슨 뜻인지 아는 건 그리 중요치 않습니다. 한 가지, '혁명'이라는 말이 붙을 정도로 무언가가 크게 변화한다는 점이 중요하지요.

이런 급격한 변화 속에서는 지금껏 내가 알고 있던 것, 해왔던 것들이 무의미해지는 경우가 많습니다. 어제까지는 정답이었던 것이 내일은 오답이 되는 일도 허다하지요.

그래서인지 인생 2막에 대비하기 위해 제게 상담을 받는 많은 분들이 자주 하는 말 중 하나가 "제가 할 수 있는 게 없어요"입니다. 그중에는 대기업 임원까지 올라간 분들도 있고, 30여 년을 한 가지 직업에 종사한 분들도 있습니다. 사실 어떤 직업이든 30년간 이어왔다면 전문가 중의 전문가일 텐데 말이죠.

그런데 이렇게 자신이 직장에서 평생 해왔던 일이 밖에서는 쓸모가 없다는 것을 아는 분들조차 지금껏 살아온 방식과 마인드를 바꾸려 하지 않아 답답할 때가 많습니다. 이는 실패할 수밖에 없는 길로 들어서는 것과 같습니다. 주변에서는 시속 200킬로미터로 달리는데 혼자 60킬로미터를 유지하면 뒤처지는 것은 물론이고 자칫하면 뒤에서 오는 차에 들이받힐 수도 있을 테니까요.

이런 세상에서는 과거에 '무기'가 되어줬던 것들이 아무런 소용이 없어지는 일이 허다합니다. 새로운 시대에는 새로운 무기가 필요한 법입니다. 하물며 혈기 왕성한 2030이 아닌 4050이라면 더더욱 그렇겠지요.

정리하자면 이렇습니다. 4차 산업혁명이라는 커다란 변화의 파도 속에서 인생 2막에 접어드는 나이까지 고려한다면 우리는 새로운 무기를 갖춰야만 합니다. 과거에 무기가 되어주었던 높은 학력이나 스펙 따위는 이제 졸업장과 이력서 한 줄 외에 아무런 의미가 되어주지 못하기 때문입니다.

우리는 최소 12년 이상 학교를 다니고 아침부터 밤까지 공부한 대가로 사실상 직장 하나 구하는 데 그쳤습니다. 그러나 지금부터 이야기할 세 가지 무기를 갖추는 방법은 최소한 그보다는 시간도 덜 걸리고 더 쉬울 겁니다. 왜냐하면 그 무기들은 이미 살아온 날들과 사회 경험, 직장생활을 통해 어느 정도 갖추어진 것이므로, 이를 끌어내는 방법만 알고 실행하면 되기 때문입니다. 더구나 우리에게는 젊음과 체력 대신 '통찰력과 원숙함'이 있으니까요.

그렇다면 새로운 시대에 우리가 인생 2막을 제대로 살아가려면 갖춰야 할 무기란 무엇일까요? 바로 '변화적응력', '문제 해결력', '차별화 능력'입니다. 그리고 이 무기들을 갖추는 방법은 '독서'와 '사람'입니다. 물론 그에 앞서 나의 인생 2막을 어떻게 살아가고 싶은지 명확한 목표와 이를 이루기 위한 사고방식(마인드셋)이 선행되어야만 하지요.

지금부터 각 무기들과 이를 갖추는 방법, 이를 위한 마음가짐에 대해 이야기해보려 합니다.

1장

누구나 부를 창출할 수 있는 원석을 갖고 있습니다

—— 마흔 이후에도 갈고닦으면 빛날 수 있습니다 ——

주변을 둘러보면 스스로를 한없이 낮추는 사람이 많습니다. 처음 상담을 요청하는 분들 역시 대체로 그렇습니다.

"어휴, 저는 가진 것도 없고, 할 줄 아는 것도 없고, 별다른 재능도 없어요."

이런 말씀과 함께 한숨을 내쉬는 분들을 보고 있노라면 겸손함이 꼭 좋은 것만은 아니라는 생각이 듭니다. 겸손함은 물론 좋은 덕목입니다. 겸손하지 못한 사람은 대부분 자만으로 인해 주변 사람들로부터 호감을 사지 못해 혹여 성공을 거둔다 해도 이를 지속시키지 못하는 일이 많죠.

하지만 겸손을 지나치게 강요하는 사회적 분위기 때문인지, 오랜 직장생활에서 고개 숙이는 게 습관화된 탓인지 모르겠지만, 많은 분들이 '과하게' 겸손합니다.

제가 이 글 한 줄을 쓰는 동안에도 세상은 빠르게 변해가고 있습니다. 그러니 과거에만 얽매여서는 도태될 수밖에 없습니다. 하지만 그게 나이가 들었다고 해서 꼭 쓸모없는 존재가 된다는 말은 아닙니다. 우리 모두에게는, 특히 인생 2막을 맞는 4050세대에게는 풍부한 경험과 연륜에서 나오는 지혜가 있으니까요. 그렇기에 이를 적절히 활용할 수만 있다면 빛나는 여생을 살아갈 수도 있습니다. 어제의 지식과 정보는 시대의 변화에서 별다른 의미를 갖지 못하지만, 지혜는 시대를 관통하는 법이니까요.

그러니 우리 모두는 '원석'이라 할 수 있습니다. 잘 갈고닦으면 반짝반짝 빛이 날 존재들이지요. 우리가 먼저 해야 할 일은 스스로가 그런 존재임을 믿는 것입니다. 그래야 내가 어떤 원석을 가지고 있는지 알고 갈고닦을 수 있으니까요. 이렇게 잘 닦인 보석은 후에 이야기할 '세 가지 무기'를 만나 인생 전반전보다 설렘 가득하고 행복한 후반전을 만드는 기초가 되어줍니다.

인생 2막에 지속적이고 안정적인 수익을 올리기 위한 원석에는 세 가지 종류가 있습니다. 물질 자산, 비물질 자산, 그리고 시간이 그것입니다.

시간을 비물질 자산에 포함시키지 않은 이유는 뭘까요? 사람마다 가진 총량과 질이 서로 다른 물질·비물질 자산과 달리 시간은 누구에게나 공평하게 주어져 있기 때문입니다. 또한 시간은 물질·비물질 자산을 보석으로 만들어줄 가장 소중한 자산이기도 하기에 별도로 생각해볼 필요가 있습니다.

먼저 물질 자산이란 말 그대로 우리가 가진 물질적인 재산들입니다. 집, 차, 현금을 비롯해 우리가 흔히 '재산이 얼마나 있느냐'고 물었을 때 대답의 대상이 되는 모든 것이 포함되지요. 반면 비물질 자산은 지식과 경험, 노하우, 지혜 등 눈에 보이지 않는 무형의 자산입니다. 요즘에는 '신용' 또한 중요한 비물질 자산이라 할 수 있습니다. 신용도가 높으면 더 많은 돈을 더 저렴한 금리로 빌릴 수 있으니 신용도는 물질 자산으로 바뀌기도 합니다.

어떻게 이 원석을 갈고닦을지 알아보기 전에 유의해야 할 점부터 짚어보겠습니다.

분명 저는 '지금까지의 경험, 지식, 지혜'가 중요하다고 했습니다. 하지만 이것들조차 지금 가지고 있는 수준으로는 무기가 될 수 없습니다. 즉, 그 무기를 내일이라도 써먹을 수 있도록 연마해야 합니다. 같은 지식과 경험이라도 어떻게 활용할 것인지에 따라 가치가 달라집니다.

또한, 이 모든 이야기를 하기에 앞서 우리에게는 몇 가지 인식의 변화, 마인드의 변화가 필요합니다. 바로 '지금의 나는 훌륭한 원석이라는 믿음을 갖는 것' 그리고 '부富에 대한 생각을 바꾸는 것'입니다.

정말로 4050은 2030보다 능력이 떨어질까요?

제가 어렸을 때만 하더라도 나이가 많다는 건 '훈장'과도 같았습니다. 누구나 어른의 이야기를 경청하고 그들로부터 삶의 지혜를 배우려 했지요. 하지만 언젠가부터 40대 이상을 '꼰대'라 부르며 조롱하기 시작하더니, 이제 30대만 돼도 나이가 많다며 한숨을 내쉽니다. 아무리 세상이 점점 빨리 변하고 있다 해도 평균 수명이 길어질수록 더 빨리 '늙은이' 취급을 받는다는 것은 아이러니지요. 게다가 마흔이 가까워지면 '언제 회사에서 잘릴지 알 수 없다'는 불안감을 가지고 살아갑니다. 앞에서도 말했지만, 실제로 우리나라 직장인들의 평균 퇴직 연령은 49세라고 하더군요. 그러니 40대는 설 자리를 잃어가고 있는 셈입니다.

하지만 명심해야 할 것이 있습니다. 회사에서는 마흔만 돼도 눈치를 주는 게 현실이지만, 회사를 뛰쳐나온 후로는 중년이라는 나이가 오히려 잘 벼린 무기가 될 수 있다는 것입니다.

아마도 이렇게 묻고 싶을 겁니다.

"나이가 들어서 머리도 굳고 체력도 예전 같지 않은데 어떻게 제 나이가 무기가 되나요?"

하지만 한 번쯤 생각해볼 필요가 있습니다. 이 말이 과연 사실일까요? 그냥 나이를 먹으면 그렇게 된다는 고정관념에 빠져 있는 건 아닐까요? 그것도 아니라면 '예전처럼' 열정적으로 무언가를 해보지 않았기 때문에 더 젊었을 때와 같은 성과를 내지 못하는 것은 아닐까요?

「뉴욕 타임스 The New York Times」의 의학 및 건강 전문 기자인 바버라 스트로치 Barbara Strauch의 저서, 『가장 뛰어난 중년의 뇌』(김미선 역/해나무/2011)에 따르면, 제 반문이 사실일 가능성이 높습니다. 중년이 나이 때문에 머리가 굳었다는 것은 그저 고정관념일 뿐이라는 말입니다.

중년들의 뇌를 깊이 있게 연구한 이 책에 따르면 어휘와 언어, 기억, 공간정향, 귀납적 추리 등 여러 부분에서 최고의 수행 능력을 보인 연령층은 40~65세라고 합니다. 또한 40년간 6,000명을 대상으로 진행한 실험에서도 인간의 정신능력 여섯 가지 중 네 가지에서 중년층이 최고 수준의 능력을 발휘했습니다. 이 밖에도 책에는 중년의 뇌가 결코 10대나 20~30대보다 떨어지지 않는다는 여러 근거가 담겨 있습니다. 젊은 시절 항상 꼴찌만 하던 제가 40대에 읽은 책을 아직까지 기억하고 있다는 것도 그 증거가 될 수 있지요.

이렇게 최고 수준의 뇌를 가진 데다 그들보다 다양한 경험까지 쌓았으니 40대 이후가 오히려 가장 경쟁력 있는 세대라고 보는 게 더 타당해 보입니다.

물론 나이가 들수록 체력에서는 문제가 생길 수 있습니다. 하지만 체력이란 어떻게 관리하느냐에 따라 달라지게 마련입니다. 특히 40대면 체력을 관리해야만 하지요.

저는 40대 중반까지만 해도 건강에 신경 쓸 여력이 없었습니다. 쪽방과 고시원을 전전하는 삶이 오죽했을까요. 진짜 어려웠던 시기에는 라면 반 개에 밀가루를 풀어 걸쭉하게 해서 먹고 하루를 버티기도 했습니다. 건강할 수가 없는 삶이었지요.

그러던 중 40대 중반의 창창했던 친구가 그만 병으로 세상을 떠났습니다. 타고나기를 건강했고, 밤새 술을 들이붓고도 다음 날이면 멀쩡해지던 친구였지요. 그런 친구가 술과 담배를 입에 달고 산 대가로 어느 날 그렇게 허망하게 가버린 것입니다.

저 또한 그 무렵 점점 체력이 부족함을 느꼈습니다. 3년 전에 비해 밥도 더 잘 먹고 잠도 더 잘 잤지만, 40대 중반이 되고 보니 확실히 달랐던 겁니다.

그때부터 저는 건강에 관심을 가지기 시작했습니다. 아침을 거르는 법이 없고, 점심에는 가볍게 과일과 야채만을 먹으며, 건강에 해로운 음식은 피했습니다. 술도 줄였지요. 여기에 운동까지 더해지니, 과장이 아니라 정말 20대 때보다도 체력이 더 좋아졌습니다. 지인들이 "어떻게 그 일을 다 하냐"고 물을 만큼 바쁘게 지내는데도 전혀 피곤하지 않으니까요. 그러니까 중년이라서 또는 나이 때문에 체력이 부족하다는 것은 '그동안 관리를 하지 않았고, 앞으로도 하기 귀찮다'고 말하는 것에 불과합니다.

어떤가요? 이래도 우리가 나이 때문에 지레 겁먹고, 움츠러들고, 포기해야 할까요? 아닙니다. 우리는 어떻게 마음먹고 어떻게 관리하느냐에 따라 그 어느 세대보다도 경쟁력 있고 유리한 세대입니다. 그러니 좀 더 자기 자신을 믿어도 좋습니다.

돈에 대한 생각이 미래를 결정합니다

아마도 이 책을 읽는 분이라면 인생 2막에 경제적 자유를 누리고 싶어 하는 분들일 테죠? 그렇다면 인생 2막을 위한 무기를 갖추기 위해, 부자가 되고 싶다는 꿈을 위해서라도 '돈'에 대한 생각을 바꿀 필요가 있습니다.

"부자가 되고 싶으세요?"

부와 운을 최대치로 끌어올리는 인생 2막의 성공 법칙

20대, 아니 30대 초반까지만 해도 누군가 이런 질문을 했다면 저는 별다른 고민도 없이 아니라고 답했을 것입니다. 실제로 그때까지만 해도 저는 돈에 대한 욕심을 거의 내본 적이 없습니다. 돈은 먹고사는 데 필요한 만큼만 있으면 된다고 믿었던 시절, 부자란 남을 등쳐먹거나 하는 탐욕스런 사람들이라 여겼으니까요.

하지만 지금은 다릅니다. 이제 저는 '돈은 많아야 한다'고 말합니다. 사채업자들에게 쫓기던 시기에 아버지께서 혈액암으로 돌아가신 사건이 결정적이었지요. 단지 돈이 없어서 아버지를 고통스럽게 떠나보내고 나니 돈의 가치가 다시 보이기 시작한 것입니다.

그럼 이번에는 제가 묻겠습니다.

부자가 되고 싶은가요? 돈을 많이 벌고 싶은가요? 아니면 돈은 사람을 타락시키고 영혼을 더럽히는 악마의 속삭임 같은 것이라 생각하시나요?

많은 사람이 '돈이 행복을 보장하지는 않는다' 또는 '돈과 행복은 비례하지 않는다'고 말합니다. 틀린 말은 아닙니다. 실제로 '일정 수준 이상의 돈은 더 이상 행복을 가져다주지 못한다'는 조사 결과도 있습니다. 주변에도 돈이 많지만 불행해 보이는 사람도 많고요.

하지만 이 말이 우리가 부자가 되지 말아야 할 이유가 될까요? 전혀 그렇지 않습니다. '돈이 많다고 더 행복한 것은 아니다'라는 말이 '돈이 많으면 불행해진다'와 같은 말은 아니니까요. 주위를 살펴보십시오. 부자면서 불행한 사람은 있어도 부자라서 불행한 사람은 거의 없을 겁니다. 하지만 돈이 없어서 불행한 사람은 너무도 쉽게 볼 수 있지요. 저 역시 10여 년을 단지 돈이 없다는 이유만으로 수없이 많은 고난과 불행을 겪어야 했고요.

내담자 중에는 자녀 결혼에 노후 대비까지 필요한 돈은 많은데 모아둔 돈은 없고, 그 와중에 은퇴까지 코앞에 두고 있는 경우도 많습니다. 이분들은 얼굴에 근심이 가득합니다. 앞으로 수십 년간 먹고살 돈도 없고 어떻게 해야 할지도 모르는 상황이니 당연한 일이지요.

이럴 때 돈은 고민과 걱정을 없애주고 미래의 가능성을 열어주기도 합니다.

더 중요한 건 돈이 많으면 선택의 폭이 넓어지고 할 수 있는 일도 더 많아진다는 것입니다. 더불어 꿈을 꾸고 그 꿈을 실현할 가능성도 높아지지요.

저는 현재 은퇴자들이 행복한 인생 2막을 살아갈 수 있도록 돕기 위해 '단희 캠퍼스'라는 법인을 운영 중인데, 좀 더 체계를 갖추고 효과적으로 운영하기 위해 준비하고 있습니다. 지금은 주로 인터넷 강의로 운영 중이지만, 언젠가는 6층짜리 건물을 지어 진짜 캠퍼스처럼 설립하는 것이 목표입니다. 1층은 로비로 꾸미고, 2층부터 6층까지는 3부에서 나올 '행복 재테크 5단계'에 맞춰 각 단계별 수업을 진행할 예정입니다. 그렇게 6층, 즉 5단계 재테크 수업까지 마무리하면 졸업하여 사회에 선한 영향력을 행사하도록 돕는 것이

꿈이지요.

이 또한 돈이 없으면 할 수 없는 일입니다. 그렇기에 저는 돈이 많이, 그것도 아주 많이 필요합니다. 이 사실을 누구에게 숨기지도 않지요.

이렇듯 '어떻게 사용하느냐'가 돈에 진정한 가치를 부여하는 법입니다. 단순히 먹고살기 위한 돈은 딱 그만큼의 가치가 있는 것이고, 같은 캠퍼스를 만들더라도 이를 돈벌이 수단으로만 삼는다면 딱 그만큼의 가치밖에 없는 것이겠지요.

그렇기에 우리는 돈이 나쁜 게 아니라는 생각에서 더 나아가 이 돈을 어떻게 가치 있게 쓸 것인가도 고민해야 합니다. 이런 가치 있는 목표가 없다면 부자가 되는 그 험난한 길을 끝까지 걷기도 힘들고, 만약 부자가 되었다 해도 가치를 느끼지 못해 시간과 돈을 무작정 낭비해버릴 수도 있습니다. 게다가 40여 년이란 세월을 사회에서 만들어둔 시스템대로, 가족과 자식들만을 위해 살아왔다면 인생 2막은 더 의미 있는 일을 하며 살아가야 하지 않을까요?

원석은 경험을 통해 드러납니다

스스로에 대한 믿음이 생겼고, 돈에 대한 생각이 바뀌었으며, 부자가 되어야 할 이유까지 확실해졌다면 다음 단계는 무엇일까요?

바로 나의 원석을 찾아내는 것입니다. 원석을 찾는 방법은 다양한데, 핵심은 '다양한 경험'입니다. 여러 경험을 해봐야만 관심사도, 재능도 발견할 수 있는 법이지요. 정해진 교육과 사회 시스템에서는 발견하기 힘들었던, 또는 발견했더라도 덮어두어야만 했던 그 재능과 관심사 말입니다.

이 경험을 통해 원석을 발견하는 것이 특히 4050세대에게는 매우 중요합니다. 삶을 즐기는 데 큰 의미를 두는 2030세대와 달리 4050세대는 '책임감'으로 점철된 삶을 살아온 세대이기에 다양한 경험을 하기 힘들었을 테니까요. 즉, 지금의 중년층은 자신이 무엇을 좋아하는지, 무엇을 잘하는지, 평생 하고 싶은 일이 무엇인지를 생각해볼 시간도 부족했고, 다양한 경험을 쌓기에는 환경이 더 팍팍했습니다. 그렇기에 원석을 발견하기 위한 경험의 과정이 그 어느 세대보다도 더 중요합니다.

물론 그렇다고 지금 당장 '무엇이든 경험해보자'고 하기에는 시간도, 돈도 부족할 것이라는 점은 저도 잘 알고 있습니다.

이럴 때 사용하는 방법이 우선 '나를 돌아보는 것'입니다. 빡빡한 교육 시스템과 입시제도에 맞춰 공부만 하느라, 직장에서 살아남기 위해 매일 회사와 집만 오가느라 애써 무시했지만 그럼에도 꾸준히 관심이 갔던 무언가, 정말 해보고 싶었지만 하지 못했던 무언가가 있는지 생각해보는 것이지요.

영화 채널 유튜버 중에는 영화 마니아로서, 평범한 직장을 다니다가 '심심해서' 영화 이야기로 영상을 올려 수십만 명의 구독자를 보유하게 된 사람도 있습니다. 또 요리사의 꿈을 포기해야 했던 어떤 분은 취미 삼아 집에서 요리를 하고 블로그에 올리다가 파워블로거가 되기도 했습니다. 덕분에 책도 냈고, 이제 요리 강의까지 다니고 있지요.

책을 읽는 것도 좋은 방법입니다. 책에는 각 분야 전문가들의 정수가 담겨 있습니다. 이를 우리는 저렴한 가격에 쉽게 구해서 금방 읽을 수 있으니 축복받은 것이지요. 또한 이미 천문학적인 숫자의 책이 세상에 나와 있고, 책의 분야 또한 다양하기 때문에 다양한 간접경험을 할 수 있습니다. 관심사 위주로 책을 읽으면서 점차 독서의 폭을 넓혀가다 보면 무엇을 해야 할지 보이는 경우가 많지요.

요즘에는 유튜브에 다양한 분야의 영상이 올라오고 있으니 이를 활용하는 것도 좋습니다. '이런 게 콘텐츠가 될까' 싶을 정도로 기상천외한 영상들이 꾸준히 올라오는 것은 물론이고 그게 인기까지 끌고 있으니, 잘 관찰하다 보면 자신에게 맞는 길을 찾게 될 가능성이 높습니다.

이외에도 많은 사람을 만나보거나 지인들에게 '내가 어떤 사람인지' 자세히 물어보는 등 원석을 찾아내는 방법은 많습니다. 중요한 건 사소해 보이는 경험이라도 놓치지 않고 관찰해야 한다는 것입니다. 제가 쉰을 눈앞에 두고서야 행복한 인생 2막을 위한 컨설팅을 시작한 것 역시 제 도움으로 삶이 한결 편해졌다며 고마워하는 사람들을 봤을 때 가장 큰 행복을 느꼈기 때문입니다.

이렇게 보고 듣고 경험한 것들 중 가슴이 뛰는 일이 있다면, 그게 바로 자신의 재능일 가능성이 높습니다. 이렇게 찾아낸 재능을 어떻게 빛나는 보석으로 만들지는 뒤에서 더 자세히 설명하겠습니다.

아끼는 것보다 쓰는 것에 집중하세요

인생 2막, 앞으로 펼쳐질 상황들은 지금까지의 삶과는 전혀 다를 수밖에 없습니다. 가뜩이나 빠르게 변해가는 세상 속에서, 그간 직장에서 고정적으로 나오던 수익마저 사라질 테니까요.

이런 상황에서, 특히 인생 2막에는 '재테크의 기본'도 바뀌어야 할 필요가 있습니다.

시중의 재테크 책을 보면 공통적으로 하는 말이 바로 '줄여라, 아껴라, 모아라'입니다.

하지만 달라진 지금의 시대에서는, 특히 중년 이상이라면 아끼고 모으는 것보다 '쓰는 데' 집중해야 합니다. 퇴직을 했거나 곧 퇴직할 상황에서 월급을 받을 시기도 얼마 안 남았는데 모으는 데 집중해봐야 한계가 있지요.

쓰는 데 집중하라는 말이 무조건 쓰는 돈을 줄이라는 뜻은 아닙니다. 어디에 쓸지를 정해서 제대로 쓰라는 의미입니다. 선택과 집중의 문제라고 해야겠지요. 시간으로 돈을 사는 것이 아니라 돈으로 시간을 사야 한다는 말이 있습니다. 훌륭한 말입니다. 4050세대라면 특히 시간이 돈보다 소중합니다. 그러니 돈을 쓸 때는 '시간'이 중요한 선택 기준이 되겠지요.

저의 경우, 꼭 배워야 할 것에는 과감하게 투자합니다. 마케팅을 공부하고 싶었을 때는 거의 500여 권에 이르던 시중의 책을 거의 다 읽었는데, 대부분 직접 샀습니다. 이후 좀 더 깊이 있게 배우고 싶어 많은 강의를 수강했고, 마지막으로는 강사 중 한 분께 일대일 코칭을 요청했습니다. 당연히 적잖은 돈이 들었지요. 사정에 여유가 있어서 그랬던 것은 아닙니다. 여전히 빚이 있는 상황이었지만, 나 자신에 대한 투자라 여겨 과감히 결정한 것뿐입니다. 그리고 그 결과가 지금 수십, 수백 배로 돌아오고 있습니다.

시간을 확보하는 두 가지 방법

시간은 어떻게 관리해야 할까요? 시간이란 누구에게나 하루 24

시간으로 정해져 있지만, 항상 부족한 법입니다. 그러니 추가 시간을 확보하는 것이 우선입니다.

시간을 확보하는 방법에는 크게 두 가지가 있습니다.

첫째, 저녁 술자리나 주말을 비롯한 휴일의 약속을 가능한 한 잡지 않는 것입니다. 물론 '반드시' 참석해야만 하는 자리라면 어쩔 수 없겠지만, 곰곰이 생각해보면 그런 자리는 의외로 많지 않을 겁니다.

지인 중 주말마다 등산모임에 참석하던 분이 있는데, 운동과 인맥을 동시에 해결할 수 있는 자리라 절대로 빠질 수 없다더군요. 하지만 운동은 혼자 뒷산을 가도 되고 운동장에서 조깅을 해도 됩니다. 멀리 갈 필요도 없고 뒤풀이 자리도 없으니 시간을 훨씬 절약할 수 있지요. 인맥 때문이라고요? 그 모임 회원이 어떤 분들인지 들어봤더니 말 그대로 '평범한' 분들이었습니다. 평범함이 나쁘다는 게 아니라, 굳이 그 모임에 나가지 않더라도 어디서든 만날 수 있는 분들이라는 겁니다. 그러니 '절대로 빠질 수 없다'는 두 가지 목적에 그리 적합하지 않은 모임이라는 뜻이지요. 냉정하게 말해 이분은 그 모임에 참석하기 위한 핑계를 찾은 것뿐입니다.

그분은 결국 제 이야기를 듣고는 모임 활동을 그만두었습니다. 초반에는 주말마다 허전했지만, 조금 지나니 시간도 아낄 수 있고 돈도 절약돼서 좋다고 하시더군요. 매번 뒤풀이 자리에서 드는 돈도 만만치 않았다면서 말이지요.

시간을 확보하는 또 하나의 방법은 한 시간 일찍 일어나는 것입니다. 물론 잠이 부족하면 체력과 건강에 부담이 될 수 있습니다. 그러니 한 시간 일찍 자고 한 시간 일찍 일어나기를 권합니다. 밤늦게 잠자리에 드는 분들께 이유를 물어보면 대부분 술자리 때문에, TV를 보느라, 잠이 오지 않아서 등입니다. 물론 그 모든 것들이 무의미하다고 할 수는 없겠지만, 시간이란 내가 어떻게 쓰느냐에 따라 그 가치가 1이 될 수도, 100이 될 수도 있는 법입니다. 술 한잔할 시간에, TV를 볼 시간에 한 시간 일찍 자고, 아침에 딱 한 시간만 일찍 일어나보세요.

물론 처음에는 힘들 수도 있습니다. 일찍 일어나면 분명 낮에 졸리고 피곤하겠지요. 하지만 이때 낮잠을 참아내기만 하면 그날 밤은 피곤해서 일찍 잠들 겁니다. 그럼 다음 날 한 시간 일찍 일어나는 건 상대적으로 덜 힘들게 마련이지요. 이렇게 1~2주를 버티면 일찍 일어나는 습관을 만들 수 있습니다.

이런 식으로 매일 아침 한 시간만 확보해도 1년이면 총 365시간입니다. 더구나 한 시간 일찍 일어나면 출근길에 차도 덜 막히고, 지하철에는 사람이 적어 여유롭게 독서할 수도 있습니다. 이렇게 아낀 시간까지 더하면 1년에 책 100권도 거뜬히 읽을 수 있지요.

정리하자면 이렇습니다. 우선 쓸데없는 지출을 줄이고 적금 통장에 잠들어 있는 돈을 끌어모아 어느 정도의 현금을 마련하시기 바랍니다. 다음으로는 아침 한 시간과 저녁, 주말에 무의미하게 보내는 시간을 줄여 시간을 확보하세요. 마지막으로 그 시간과 돈을 배움에 투자해보세요. 1년이면 충분합니다. 꼭꼭 숨어 있는 원석이 반짝반짝 빛나는 보석으로 바뀌어 인생 2막을 승리로 이끌어줄 것입니다.

2장

무기 1: 변화적응력

약자가
가질 수 있는
가장 강력한 무기

4050 은퇴자들 사이에서
가장 큰 경쟁력이 되어줄 힘

내 안에 감춰진 원석을 갈고닦아 반짝이는 보석 같은 존재가 되었다 하더라도 여기에 날개를 달아줄 무기를 갖추지 못한다면 큰 힘을 발휘할 수가 없습니다. 그 세 가지 무기는 '변화적응력, 문제해결력, 차별화'입니다. 이제 각 무기가 정확히 무엇인지, 그것들이 어째서 중요한지 알아봅시다.

세 가지 무기 중 제가 가장 먼저 이야기하고 싶은 것은 변화적응력입니다. 가장 중요해서가 아니라 가장 먼저 갖춰야 하는 무기이기 때문입니다.

변화적응력이란, 말 그대로 변화에 적응하는 힘입니다. 『종의 기원』으로 유명한 찰스 다윈 Charles Robert Darwin 은 "강하거나 똑똑한 종이 아닌, 변화에 적응하는 종이 살아남는다"고 했습니다. 이 말은 변화가 극심할수록 더욱 의미를 갖는데, 지금이야말로 역사상 가장 빠르게 변화하고 있는 시대죠. 그 와중에 '은퇴'라는 큰 변화까지 코앞에 다가와 있는 4050세대에게는 변화가 두 배쯤 빠르고 강력할 겁니다.

거대한 변화는 적응하지 못하는 자에게는 한없는 위기일 뿐이지만, 적응하는 자에게는 그 어느 때보다 큰 기회가 되기도 합니다. 더구나 적응하는 과정에서 더 크게 성장할 수밖에 없으니 한 단계 더 도약하는 계기이기도 하지요.

사실 변화적응력은 조금만 갖춰도 그 효과가 크게 나타납니다. 왜일까요?

인생 2막의 시기에 우리의 경쟁자는 어떤 사람들일까요? 아마도 똑같이 은퇴 후 인생 2막을 살아가는 사람들일 겁니다. 살아온 시대와 삶이 비슷하고 은퇴 시기도 비슷하며 가진 자산도 비슷한 사람들이 많으니 뛰어들려는 시장도, 투자하려는 성향도 비슷하겠지요.

그런데 중요한 것은 이들은 대체로 변화에 둔감하다는 점입니다. 제게 상담을 받으러 오는 분들은 대부분 은퇴를 준비하는 4050

부와 운을 최대치로 끌어올리는 인생 2막의 성공 법칙

세대인데, 많은 분들이 지금까지의 방식을 고수하려 합니다. 그렇기에 한 발만 더 빨리, 적극적으로 움직이면 훨씬 돋보일 수 있습니다. 본래 모두가 수동적이고 소극적일 때는 아주 조금만 능동적이고 적극적이어도 차이가 커지는 법이니까요.

변화적응력 1: 현실을 받아들이세요

'변화적응력'이라는 말만 놓고 보면 모호할 수 있지만, 분명한 건 변화에 적응하려면 우선 현실을 받아들여야 한다는 것입니다. 그래야만 나의 정확한 위치를 인식할 수 있지요. 그 이후에 앞으로 나아갈 것인지, 제자리에 서 있다가 시대의 물결에 떠밀릴 것인지, 오히려 더 뒷걸음을 칠 것인지도 결정할 수 있습니다.

이야기했듯이, 2007년 저는 제 앞에 놓인 빚 9억 원에게 감사 편지를 썼습니다. 처음 10억 원을 훌쩍 넘는 빚이 생겼을 때만 해도 감사는커녕 도망 다니기에 바빴는데 말이지요. 누구에게도 거처를 알리지 않고 노숙 생활을 하던 그 시절, 어쩌면 저는 빚쟁이가 아닌 빚 그 자체로부터 도망치려 했던 것인지도 모릅니다. 믿었던 사람들이 내게 사기를 치고 나를 이용하기만 했다는 배신감, 그로 인해

내 앞에 쌓인, 평생 절반이나 갚을 수 있을지 확신이 서지 않는 빚. 도저히 현실이라고는 믿어지지 않았고, 믿고 싶지도 않았던 것이지요.

하지만 우여곡절 끝에 저는 부자가 되기로 결심했습니다. 그러려면 더 이상 도망만 다닐 수는 없었지요. 더구나 어차피 평생 도망칠 수는 없다는 것도 알았고, 하루하루 붙잡힐까 봐 불안에 떨면서 살아가는 삶에 지치기도 했습니다.

'아무리 부정하려 해도, 인정하지 않으려 해도 이게 내 현실이야. 내게는 10억 원이 넘는 빚이 있고, 나를 도와줄 사람은 없어. 그러니 부자가 되려면 내 삶은 내가 개척해야 해.'

그렇게 현실을 받아들인 후 사채업자들을 찾아간 때가 제게 있어서는 첫 번째 적응기였다고 할 수 있겠지요. 그럼에도 삶이 좀처럼 나아지지 않았던 그때, 블로그 마케팅을 이용해 게임기 판매를 한 것이 두 번째 적응기였다고 볼 수 있습니다. 이후 다시 이자조차 갚기 힘든 삶이 시작됐지만, 나의 빚에게 편지를 쓴 이후로는 한결 마음에 여유가 생겼습니다. 그렇기에 어려운 상황에서도 배움에 투자할 수 있었습니다.

그때 만약 도저히 갚을 엄두도 나지 않는 빚이라는 거대한 변화에, 뼈 빠지게 일해도 빚이 줄지 않는 현실에 좌절했다면 어떻게 됐을까요? 또한, 이를 그대로 받아들이고 새로운 시도를 해야만 하는, 변화를 기다리지 말고 적극적으로 찾아야만 하는 현실에 적응하지 못했더라면 또 어떻게 됐을까요? 아마 지금까지도 빚더미에서 허우적거리고 있지 않을까요?

변화적응력 2: 변화는 능동적이어야 합니다

앞서 변화적응력이란 변화에 적응하기 위해 현실을 받아들이는 것이라 했습니다. 하지만 진정한 변화적응력이란, 직접 그 변화 속으로 뛰어들어 능동적으로 적응해가는 것입니다. 수동적으로 변화에 맞춰가는 게 아니라, 내게 다가온 상황의 변화, 시대의 변화를 모두 고려해 그 안으로 기꺼이 뛰어들어 적응하는 것이지요. 이는 때때로 자신이 변화를 끌어가는 사람이 될 수도 있다는 의미입니다.

물론 변화의 한복판에 뛰어들어 능동적으로 변해가는 것은 무척 고된 여정일 수 있습니다. 하지만 세상에 쉬운 일이 있던가요? 회사에서의 삶은 어떠셨나요? 힘들지 않았나요?

만약 회사생활이 그저 편하고 쉬웠다면, 그건 행운이자 불행이었을 겁니다. 회사를 다니는 동안에는 편했을 테니 행운이요, 그 테두리 바깥으로 나오는 순간 담금질될 기회 없이 세상에 내던져지니 불행이라 볼 수 있지요.

젊은 시절에야 좀 서툴러도 됩니다. 누구나 '젊으니까' 그렇다고 이해를 해주지요. 하지만 은퇴 이후 홀로서기에 나선 중년층에게는 누구도 그런 것을 눈감아주지 않습니다. 그야말로 전쟁 같은 경쟁을 치러야만 하지요. 편한 길만을 찾고 있다면, 외람되지만 저는 이렇게 말하겠습니다. 그건 도둑놈 심보라고요. 가만히 있어도 남들이 떠먹여주길 바라는, 유치원생만큼이나 철없는 짓입니다.

살아남으려면 싸워야 합니다. 남들과의 경쟁은 물론이고 자기 자신과도 수없는 싸움을 해야 하지요. 그런 각오가 없다면 인생 후반전은 전반전보다 더욱 불행할 수밖에 없습니다. 가만히 서 있다가 뒤처지기 싫다면, 힘들더라도 헤치고 나가야 합니다. 세상의 변화에서 눈 돌리지 말고, 그 안에 적극 뛰어드세요. 힘들더라도 해야만 하는 일입니다.

제가 겁을 드린 것 같습니다만, 사실 너무 걱정하실 건 없습니다. 우리에게는 이미 수많은 '새로운 환경에의 적응' 경험이 있으니까요. 학년이 바뀌는 것부터 학교 졸업과 취업, 결혼과 출산 등의 큰 변화까지, 우리는 수많은 환경의 변화를 겪으며 살아왔습니다. 그런 과정을 견디고 40년 이상 살아왔다면 우리의 몸속 깊은 곳까지 변화적응력은 뿌리를 내리고 있는 셈입니다. 그리고 인생 2막을 앞

부와 운을 최대치로 끌어올리는 인생 2막의 성공 법칙

두고 이 책을 집어 들었다는 것부터가 이미 미래를 대비하겠다는, 변해보겠다는 최소한의 의지가 있다는 증거입니다. 그러니 너무 걱정할 것 없이 차분히 준비해나가면 됩니다.

변화적응력 3: 변화에 가장 좋은 때는 '지금'입니다

변화적응력에서 가장 중요한 것은 타이밍입니다. 적응이란 항상 그렇지요. 남들이 다 할 때 시작하면 이미 늦은 겁니다.

저는 마케팅에 상당히 관심이 많습니다. 비록 학위는 없지만 누구보다 열심히 공부했고 실전에서도 잔뼈가 굵었으니 준전문가라 자부합니다. 실제로 마케팅 컨설팅과 강의도 진행하고 있고요.

그래서인지 저는 예전부터 특히 시대의 흐름에 따른 마케팅 도구의 변화에 민감했습니다.

1부에서 이야기했듯이, 10여 년 전 저는 '어린 스승'에게서 배운 블로그 마케팅으로 큰 수익을 올렸습니다. 그런데 마흔 중반 무렵 제 사업을 시작했을 때, 블로그 마케팅이 영원하지는 않을 거라는 생각이 들었습니다.

'10년 전만 해도 블로그 마케팅이라는 건 알지도 못했는데, 지금

은 벌써 조금씩 효과가 떨어지고 있어. 그럼 이것만 믿고 있을 수는 없을 텐데, 어떻게 해야 하지?'

블로그 마케팅이 힘을 잃어가고 있다는 것은 이를 대체할 무언가가 생겨날 거라는 의미이기도 했습니다. 그리고 그 무렵, 페이스북이 폭발적인 인기를 끌기 시작했습니다. 하지만 당시에는 마케팅 도구로는 그다지 큰 힘이 없었지요. 그러나 사람이 모이고 있다는 건 필연적으로 마케팅의 장이 될 것이라는 뜻이기도 했습니다. 그래서 아직 마케팅 도구로서는 그리 활용도가 높지 않았던 그 시절에도 페이스북을 활용하기 시작했습니다. 다만 페이스북은 블로그와 달리 인맥과 유대감을 중시하는 사람들이 많기에 '이의상'이라는 사람을 알리는 데 주력했지요. 사진도, 글도, 영상도 대부분 저의 일상 위주로 올리면서 같은 관심사를 가진 사람들과 친구가 되는 것이 목표였습니다.

그러나 페이스북 또한 블로그처럼 영원하지는 않을 것임을 알고 있었습니다. 그래서 촉각을 곤두세우고 잘 살펴봤더니, 어느 날 인스타그램이라는 것이 떠오르더군요. '사람들이 페이스북에서 인스타그램으로 옮겨가고 있다'는 기사도 언론에 심심찮게 나왔습니다. 그래서 저는 또 '곧장' 인스타그램을 시작했습니다. 여전히 페이스북은 물론이고 블로그만으로도 꽤나 효과를 보고 있었지만, 오늘 씨를 뿌려야 내일 거둘 수 있다는 것을 알고 있었으니까요.

인스타그램은 사진 위주에 글은 최소화해야만 했습니다. 이미지 중심의 앱이었기 때문이죠. 그래서 여기에는 사람들이 좋아할 만한 사진들을 위주로 올리면서 중간중간 언론에 보도된 제 기사, 방송에 출연했던 사진 등을 올림으로써 제가 누구인지를 알림과 동시에 신뢰도를 높이는 데 주력했습니다. 결국 이 사람들을 블로그와 홈페이지의 고객으로 이어지게 만든 것이지요.

머지않아 블로그는 완전히 가라앉았고, 페이스북도 힘이 빠지기 시작했습니다. 그리고 그만큼의 힘이 인스타그램으로 넘어갔지요. 만약 발 빠르게 대비하지 않았더라면 뒷북만 치는 꼴이 됐을 겁니다.

그리고 2018년, 저는 다시 한번 큰 결심을 했습니다. 바로 유튜브를 시작한 것입니다.

몇 년 전에 가입할 때만 해도 이용자의 연령대가 너무 낮아 큰 관심을 두지는 않았는데, 어느 순간부터 전철을 타건 식당을 가건 중년층이 스마트폰으로 유튜브를 시청하는 모습이 눈에 띄더군요.

'내 사업의 고객층이 유튜브를 시청하기 시작했어. 게다가 30대가 곧 중년으로 접어들 텐데, 그들은 이미 유튜브 시청에 익숙한 세대야. 그렇담 유튜브를 시청하는 중년은 점점 많아지겠지. 그러니 지금 당장 시작하자.'

이런 생각에 곧장 유튜버로서의 준비를 시작했습니다. 물론 당시

페이스북과 인스타그램을 통해 안정적으로 사업이 성장해가고 있었으니 고민은 됐습니다. 기존에 하던 것들을 좀 더 유지하느냐, 곧장 새로운 시도를 해야 하느냐 사이에서 고민이 컸던 것이지요.

결국 저는 유튜브에 '올인'해보기로 했습니다. 그래서 다른 곳에 쏟던 힘의 대부분을 유튜브에 쏟아부었습니다. 그 결과 1년 반 남짓한 기간에 30만 명의 구독자와 월 1,000만 원 이상의 광고 수익을 올릴 수 있었고, 유튜브 채널을 통해 컨설팅 및 협업 의뢰 등이 들어오기도 했습니다.

하지만 저는 또다시 다음을 준비하고 있습니다. 유튜브 다음은 어떤 플랫폼이 떠오를지 알 수 없으나, 현재에 만족하다가는 순식간에 기회를 놓치고 도태될 수 있음을 알기 때문입니다.

항상 세상이 어떻게 변해 가는지 관심을 기울이고, 남들이 시작하기 전에 내가 먼저, '지금 당장' 하겠다는 마음가짐이 변화적응력에서는 필수입니다.

변화적응력 4: 고정관념을 벗어던지세요

앞서 저는 『가장 뛰어난 중년의 뇌』라는 책을 통해 중년들의 뇌가 결코 청년들 못지않고, 어떤 면에서는 더욱 뛰어난데도 고정관념 때문에 우리가 이를 인식하지 못한다고 말했습니다. 이 고정관념이란 것은 한번 생겨나기 시작하면 쉽게 떨쳐내기 힘듭니다. 특히 나이가 들수록 더 오랜 시간, 더 많은 고정관념이 박히게 되어 4050세대는 젊은 세대에 비해 고정관념에서 자유롭지 못한 경우가 많습니다.

우리가 중년은 머리가 나쁠 거라 믿는 것도 매우 강력한 고정관념에 사로잡혀 있기 때문입니다. '나이가 들수록 머리는 나빠진다'는 그릇된 고정관념 말이지요. 실제로 제가 앞서 말한 책의 내용을 이야기하면 반응은 딱 두 가지입니다. 깜짝 놀라거나, 믿지 않거나. 즉, 누구도 '중년의 뇌가 청년의 뇌보다 뛰어날 것'이라고는 생각하지 않는다는 뜻입니다.

특히 이런 고정관념은 40년 이상 이어져온 기계적인 삶과 만나 더욱 강해집니다. 같은 일이 반복되는 일상에서 새로운 자극이 유입되지 않아 머리가 굳었다고 느끼면, '역시 나이가 들면 어쩔 수 없어!'라고 치부해버리는 것이지요.

사람은 나이가 들수록 모든 장기와 뼈, 근육 등이 퇴화한다고 합니다. 점점 발달하던 기관들이 일정 나이에 정점을 찍은 후로는 서서히 퇴화하는 것이지요. 운동을 열심히 하고 몸에 좋은 것들만 골라서 먹는다 해도 퇴화를 '늦출' 수는 있어도 '막을' 수는 없다고 합니다. 하지만 노력만 하면 오히려 점점 발전하는 유일한 장기가 바로 뇌입니다. 그러니 '나이가 들어서 머리가 예전 같지 않다'고 느졌다면, 그건 나이 탓이 아니라 머리가 굳도록 내버려둔 당신 탓입니다. 이는 마치 매일 취하도록 술을 마시고 담배를 세 갑씩 피워대면서 운동조차 전혀 하지 않은 사람이 자신의 건강이 안 좋은 것을 나이 때문이라고 하는 것과도 같습니다. 사실은 머리가 굳도록 내버려두고 오히려 이를 부추긴 셈인데 말입니다.

하지만 아직 늦지 않았습니다. 머리가 굳었다고요? 그건 새로운 시도를 포기해야 할 이유가 아니라 다시 머리가 잘 돌아가도록 기름칠을 해야 할 이유입니다.

학창 시절에도, 직장인 시절에도 항상 성적은 바닥이었고, 공인중개사 자격증을 따는 데 3년 가까이 걸린 제가 마케팅 강의와 부동산 컨설팅을 하고, 창의성이 필요한 유튜버로 활동하고 있습니다. 남들보다 훨씬 머리가 안 좋았던 제가 빚에 쫓기는 최악의 상황에서, 마흔셋이라는 나이에 시작해 10년 안에 이루어낸 결과물들입니다. 그렇다면 틀림없이 저보다는 머리가 좋고 아마도 당시의 저만큼 큰 빚이 있지는 않을 독자 여러분이라면 훨씬 금방 해낼 수 있지 않을까요?

부와 운을 최대치로 끌어올리는 인생 2막의 성공 법칙

변화적응력 5:
건강이 모든 것을 좌우합니다 ━━━

30대까지는 건강 관리의 필요성을 잘 못 느끼던 사람들도 40대가 되면 '생존'을 위해 관리를 해야 한다는 점을 뼈저리게 느끼게 됩니다. 게다가 나이가 들수록 한번 건강이 상하면 회복하는 데 점점 시간이 걸린다는 것도 잘 알고 있을 겁니다.

"건강한 몸에 건강한 정신이 깃든다"는 말이 있습니다. 100퍼센트 공감합니다. 주위를 살펴보세요. 아무리 돈이 많아도 건강하지 못하다면 행복감을 느끼지 못합니다. 스포츠에서 정신력으로 승부하라는 말을 하기도 하는데, 심각한 부상 앞에서는 무용지물이지요. 비단 스포츠에서만이 아니라 모든 일에서 건강이 기본입니다. 심지어 건강이 좋지 않으면 집중력도 금방 떨어지고, 만사가 귀찮아지며, 무엇이든 더 쉽게 포기하게 되지요.

저 역시 건강이 좋지 않았을 때는 일과 배움, 둘 다 집중하지 못했습니다. 빛이 줄어들면서 긴 어둠이 끝나가는 게 눈에 보이는데도 그리 행복하지도 않았지요. 하지만 건강을 회복한 후로는 체력이 뒷받침되니 더 많은 일을 하면서도 더 큰 성과를 보였고, 매일 벅찬 만족과 행복까지 느끼게 됐습니다.

여기서는 제가 평소에 유의하여 지키고 있는 건강 관리법을 간단히 소개해드리려 합니다.

우선 저는 체온 유지를 매우 중요하게 생각합니다. 체온과 면역력의 관계를 다룬 의학 기사를 본 적이 있습니다. 체온이 1도 오르느냐 떨어지느냐에 따라 면역력이 500퍼센트 증가하기도 하고 하락하기도 한다는 내용이었지요. 나이가 들수록 잔병치레가 많아지는데, 그 이유가 체온 유지에 실패했기 때문인 경우가 많다고 합니다. 그래서 저는 옷을 따뜻하게 입는 것은 기본이고, 겨울에도 난방을 충분히 합니다. 가스비 절약과 건강 중 어느 쪽이 중요한지는 생각해볼 필요도 없을 정도로 명확하니까요. 그리고 가능한 한 찬물보다는 따뜻한 물을 많이 마시려고 합니다. 체온과 함께 면역력까지 떨어뜨려 잔병치레하느라 돈과 시간을 허비하고 싶지 않기 때문이죠.

또한 운동으로 근육량을 높이기 위해 노력하고 있습니다. 나이가 들수록 특히 하체 근육이 중요한데, 그 이유는 노화로 인해 관절이 안 좋아지는 경우가 많기 때문입니다. 그렇다고 세월의 흐름에 따라 닳아가는 관절을 다시 만들어낼 수는 없으니, 근육을 단련해서 그 역할을 대신하게 하는 것이지요.

충분한 수면을 취하는 것도 역시 중요합니다. 밤 10시부터 새벽 2시까지가 우리 몸에 꼭 필요한 호르몬이 가장 많이 생겨나는 시간이라고 합니다. 그래서 저는 밤 10시에 잠자리에 듭니다. 지금은 새벽 4시에 일어나지만, 예전에는 새벽 6시에 일어났습니다. 그러

부와 운을 최대치로 끌어올리는 인생 2막의 성공 법칙

면 잠도 부족하지 않게 잘 수 있고, 호르몬 분비가 가장 잘되는 시간대인 만큼 숙면하기에도 좋으며, 일찍 일어난 만큼 새벽 시간을 잘 활용할 수 있어서 정말 만족스럽습니다. 게다가 잠을 충분히 자지 않으면 체온이 떨어진다고 합니다. 앞서 체온 유지가 얼마나 중요한지는 이야기했으니 잠을 충분히 자야 할 이유가 한 가지 더 생긴 셈이지요.

3장

무기 2: 문제해결력

고객의
돈과 시간을
해결하세요

─── 돈을 벌려면
두 가지 문제부터 해결하세요 ───

인생 2막을 대비하는 데 꼭 필요한 두 번째 무기는 바로 문제해결력입니다. 어찌 보면 너무 당연한 이야기입니다. 모든 기업과 사업가의 목표는 결국 돈을 버는 것인데, 그러려면 반드시 고객의 문제를 해결해줄 수 있어야 하니까요.

고객 입장에서 한번 생각해봅시다. 그동안 무언가를 구매하거나 어떤 서비스를 이용해왔을 때 내가 '언제 돈을 썼는가'를 말입니다. 어떤 상황에서 돈을 쓰기로 결정했고, 그때 여러 상품과 서비스 중

하나를 선택한 기준은 무엇이었는지 생각해보는 겁니다. 결국 사람들은 '문제'가 있을 때 이를 해결하기 위해 돈을 씁니다.

즉, 돈을 벌려면 두 가지를 해결할 수 있어야 합니다. 바로 고객의 돈 문제와 시간 문제이지요.

한 가지 희망적인 것은 이 부분에서만큼은 확실히 4050세대가 경쟁력이 있다는 것입니다. 그보다 윗세대는 자신의 문제를 아랫사람들이 해결해준 경우가 많을 겁니다. 반대로 2030세대는 자신의 문제만으로도 벅찬 경우가 많지요. 그러나 중간관리자급이 대부분인 4050세대는 자신의 문제는 물론이고 윗사람과 아랫사람의 문제까지 조율하고 해결하는 일을 해왔을 가능성이 높습니다. 그러니 직장생활에서의 경험을 잘 돌이켜보는 것만으로도 큰 도움이 될 수 있습니다.

저 역시 컨설팅이나 강의를 할 때 혹은 유튜브 영상을 만들 때, 지식과 경험으로 고객의 돈과 시간에 대한 고민을 해결하는 데 집중합니다. 상담을 할 때는 그들의 고민이 무엇인지, 어떻게 해야 그들이 조금이라도 빨리 안정적인 수익을 올릴 수 있을지 찾아내어 각자에게 최적화된 방안을 제시합니다. 그들의 고민을 전문가인 제가 대신 해주는 셈이지요. 영상도 '구독자들이 부동산 투자에서 궁금해할 만한 것들, 놓치고 지나갔다가 손해를 볼지도 모르는 것들' 중심으로 구성하여 영상을 보는 사람들이 10분 내외로 정보를 습득할 수 있도록 하는 데 주력합니다. 그러니 제가 하는 모든 행위는 고객들의 돈과 시간 걱정을 줄여주기 위한 것이라 할 수 있습니다.

주위를 보면 대체로 그렇습니다. 문제를 잘 해결해줄수록 비싼 가격을 받지요. KTX가 일반 열차보다 가격이 훨씬 비싼데도 더 많은 사람이 찾는 이유는 편리성이나 청결함도 있겠지만, 그보다는 역시 압도적으로 빠르기 때문입니다. 승객들의 시간을 절약해주니 그만큼 가격이 비쌀 수밖에요. 특히 시간이 곧 돈인 사람일수록 시간을 아끼는 데 더 많은 돈을 투자할 겁니다.

인터넷 서점으로 시작해 지금은 '세상의 모든 것을 판다'는 말까지 나오고 있는 아마존AMAZON.COM 역시 고객들의 시간에 대한 고민을 해결하는 데 주력합니다. 직접 무언가를 사러 갈 시간이 없는 사람들이 24시간 어디서든 상품을 구매할 수 있도록 해주는 것이지요. 그리고 배송 시간 역시 점차 줄여가고 있어 '시간과 공간의 제약 없이 구매하고 빨리 받는' 시스템까지 갖추게 되었습니다. 괜히 세계에서 손꼽히는 기업이 된 게 아니지요.

시간 문제라고 해서 꼭 고객의 시간을 '절약해주는' 데만 집중할 필요는 없습니다. 고객의 시간을 늘려주는 것도 한 가지 방법입니다. 병원이나 건강식품 등은 사람들의 건강을 되찾아줌으로써 수명, 즉 시간을 늘려주는 대표적인 영역이라 할 수 있습니다.

만약 다른 곳보다 저렴하게 상품이나 서비스를 공급할 수 있다면, 이는 고객의 '돈 문제'를 해결해주는 셈입니다. 또는 여러 투자

부와 운을 최대치로 끌어올리는 인생 2막의 성공 법칙

상품들도 고객의 '수익'을 늘려줌으로써 돈 문제를 해결하는 것이라 할 수 있지요.

심지어 부동산 투자를 하더라도 투자자 입장에서 자신의 고객들의 문제를 해결해줄 수 있어야 장기적으로 수익을 올릴 수 있습니다. 예를 들어 원룸 건물에 투자했다면, 고객인 입주자의 시간과 돈 문제를 해결해줘야 합니다. 원룸에 입주하려는 사람은 돈이 풍족하지 않을 가능성이 높습니다. 돈 걱정이 없는 사람이라면 원룸에 입주하기보다는 자기 집을 사거나 더 넓은 집을 구하려 할 테니까요.

그래서 비슷한 조건이라면 보증금이 낮고 월세가 저렴한 곳을 선호하겠지요. 입주자들이 '감수할 만하다'고 느낄 정도의 보증금과 월세를 제시하지 못하면 그들은 어지간히 급한 상황이 아니고서는 들어오려 하지 않을 겁니다. 또한 입주자들이 교통편을 따지는 건 이동 시간을 최소화하고자 하기 때문입니다. 부동산에서도 고객의 돈과 시간에 대한 고민을 고려해야만 성공적인 투자가 가능한 법입니다.

나의 원석을 찾아냈다면, 이를 이용해 잠재적 고객들의 시간과 돈 문제를 해결해줄 수 있는 방법을 표로 정리해보세요. 그래야 이 원석을 어떻게 갈고닦아 활용할지 효율적으로 결정할 수 있으니까요.

방법은 간단합니다. 백지를 꺼내 왼쪽에는 '시간', 오른쪽에는 '돈'이라고 적고, 그 아래로 고객이 겪는 시간과 돈에 대한 고민 또는 원하는 바를 적습니다. 그리고 나의 원석, 나의 재능을 통해 이를 해결해줄 수 있는 방법을 죽 적어나가는 것입니다. 만약 빈칸을 거의 채우지 못했다면, 더 많은 고민과 공부, 원석을 갈고닦는 노력이 필요합니다.

아래는 제가 정리한 표의 예시이니 참고하세요.

시간	돈
• 평생 은퇴 걱정 없는 삶: 1인 지식기업가 되는 법 컨설팅 • 부동산 공부를 하고 싶은데 시간이 없다: 유튜브 영상을 통해 인터넷만 되면 언제 어디서든 공부할 수 있도록 노하우 공유	• 꾸준한 수익(안정적 수익): 안정적인 현금흐름 확보를 위한 수익형 부동산 투자 컨설팅 • 한 번에 목돈 버는 투자(큰 수익): 매매차익을 겨냥한 투자 컨설팅

문제를 파악하려면 고객의 이야기를 귀담아들으세요

고객의 문제가 무엇인지 파악하는 것은 생각보다 어렵지 않습니다. 고객의 이야기를 잘 들어주기만 해도 알 수 있거든요.

저는 의사가 환자를 진단하는 상황을 자주 예로 듭니다. 보통 의사들이 가장 먼저 하는 일이 무엇인가요? 당연히 '환자의 상태를 정확히 진단하는' 것입니다. 그래야만 각 환자에게 맞는 처방을 해줄 수 있을 테니까요. 여기서 환자의 증상, 나아가 그런 증상이 나타난 '원인'이 곧 그 환자가 가진 '문제'인 셈입니다. 그러니 의사의 '진단'은 고객인 환자의 문제가 무엇인지 정확히 파악하는 수단인 것이지요.

의사가 진단에서 가장 먼저 하는 일은 '듣는 것'입니다. 어디가 아프거나 불편한지, 언제부터 그런 증상이 있었는지, 그런 증상이 나타날 만한 원인이 있었는지를 하나하나 묻지요. 그것만으로 판단이 어려울 때는 엑스레이나 CT 촬영 등을 하기도 합니다. 이렇게 알아낸 증상과 원인을 토대로 처방을 하는 것입니다.

여기서 주의해야 할 점이 있습니다. 대화를 통해 문제를 파악하려면 상대방에 대한 관심을 가지고 최대한 구체적으로 질문을 던질 수 있어야 한다는 것입니다.

저는 이사를 자주 다닌 탓에 병원도 여러 군데를 다니게 됐는데, 그중 지금 살고 있는 동네의 한 내과 의사에게 매번 감탄하게 됩니다. 그분이야말로 고객의 문제를 정확히 파악하고 그에 맞는 해결책을 제시하는 전문가의 전형에 가깝기 때문입니다.

대부분의 의사들은 딱 봐서 심각한 증상이 아닌 것 같다 싶으면 서너 가지 질문을 툭 던지고는 약을 처방해주고, 며칠 후에도 상태가 호전되지 않으면 다시 찾아오라고 합니다. 더구나 증상을 자세히 설명하기도 전에 뚝 끊기 일쑤였지요.

그런데 이분은 다릅니다. 제가 증상을 설명하면 끝까지 듣다가 더 자세히 질문을 던집니다.

"주무실 때 가끔 가슴이 찌릿하고 그때마다 목으로 신물이 넘어온다는 거죠? 찌릿하다고 하셨는데, 정확히 어디쯤이 찌릿하세요? 그 찌릿한 게 어느 정도죠? 고통을 1에서 10까지로 표현한다면 어느 정도인가요? 숫자가 커질수록 고통스러운 거라고 치면요."

그리고 제가 이야기하는 동안 제 눈을 마주보며 귀를 기울입니다. 메모까지 해가면서 경청을 하지요. 그렇다고 그 의사의 처방이 유별난 것은 아닙니다. 똑같이 약을 처방해주고, 상태가 호전되지 않으면 다시 찾아오라고 하는 것까지 똑같지요.

대신 약을 처방해줄 때 좀 더 자세히 설명해준다는 점이 다릅니다.

"조금 약한 약을 처방해드릴게요. 지금 정도 증상에서 주사나 독한 약은 오히려 환자분께 부담이 될 수 있어요. 증상이 심각하지 않으니 대부분은 이 정도 약이면 호전됩니다. 대신 호전되지 않거나 중간에라도 증상이 더 심해지면 다시 찾아오세요."

다른 병원들과 달리 그 병원은 같은 증상으로 두 번 찾은 적이 없습니다. 워낙 가벼운 증상들이었기 때문인지 아니면 의사의 처방이 딱 맞았던 것인지는 모르겠지만, 저는 후자였다고 믿습니다. 제

증상을 조금이라도 더 정확히 진단하려 하는 그 의사에게 감동을
받은 것은 물론이고요.

잘못된 진단은
문제를 더 크게
키울 수도 있습니다

제 고객들은 나이도, 직업도, 가진 자산도, 재능도, 환경도 모두
다르지만, 그 요소들이 비슷하다 해도 성향이나 성격에 따라서도
상담 결과는 달라집니다. 그렇기에 고객에 대한 진단이 정확하지
않으면 고객이 원하는 목표에서 벗어나는 잘못된 방법을 제시하게
될 수도 있습니다.

고객 중 은퇴한 50대 부부가 있었습니다. 이분들은 저를 찾아오
기 전에 다른 곳에서 컨설팅을 받았지만, 결과가 좋지 않았다고 합
니다. 이유는 간단했습니다. 이전에 이분들을 컨설팅한 사람이 제
대로 된 진단을 하지 못했기 때문입니다.

이분들은 은퇴 후 퇴직금에 자신이 가진 아파트를 담보로 대출을
받아 4층짜리 빌라를 한 채 구매했습니다. 전 재산을 쏟아부은 투
자였던 셈입니다. 빌라 자체는 나쁘지 않았습니다. 적절한 가격에
구매를 했고, 입지도 좋아 수익성은 괜찮은 편이었지요. 다만 이분

들이 빌라를 구매할 때의 목적에는 맞지 않았던 게 문제였습니다. 이분들은 나중에 빌라를 호수별로 쪼개서 세 명의 자녀에게 물려주고자 했습니다. 2층은 큰아들에게, 3층은 둘째 아들에게, 4층은 딸에게 주려고 한 것이지요.

그러나 건축물대장을 보니 이 빌라는 다세대주택이 아니라 다가구주택이었습니다. 각 호수별로 분양이나 매매가 가능한 다세대주택과 달리 단독주택으로 분류되는 다가구주택은 건물 전체가 하나의 물건입니다. 안에 몇 개의 호가 있건 하나씩 따로 매매나 분양, 양도가 불가능하다는 의미입니다. 그러니 자녀들에게 나눠서 양도한다는 목적에는 전혀 맞지 않았던 셈입니다. 만약 이전의 컨설턴트가 이분들을 좀 더 제대로 진단했더라면 수익성만이 아니라 다른 목적까지 고려했을 테니 이런 안타까운 상황은 일어나지 않았을 것입니다.

고객의 문제와 해결책을 제대로 찾아내는 데 밑바탕이 되는 것이 바로 '진심'입니다. 진정성이라고 할 수도 있겠지요. 고객을 단순히 돈벌이 수단으로만 보는 게 아니라 어려움에 처한 사람, 도움이 필요한 사람이라 여기고, 그 문제를 해결해줄 사람은 나뿐이라는 책임감을 가져야 합니다. 그래야만 앞에서 이야기한 부부의 사례와 같은 일이 벌어지지 않습니다.

저는 그런 불상사를 피하기 위해 상담에 앞서 내담자가 간단한

부와 운을 최대치로 끌어올리는 인생 2막의 성공 법칙

서류를 작성하도록 합니다. 고객의 투자 성향, 재테크 지식 수준, 자금 상황에 따라서 재테크 지역과 상품, 취득 과정이 달라지기 때문입니다.

만약 고객에 대한 관심과 진정으로 그들의 문제를 해결해주고 싶다는 마음 없이 그들을 돈으로만 봤더라면 저 역시 고객들의 자금에만 초점을 맞췄을 겁니다. 그래도 상담료와 수수료는 받을 수 있으니까요. 하지만 그렇게 고객이 아닌 돈을 중심에 둔다면 어떤 일이건 결코 오래갈 수 없다는 것을 명심해야 합니다. 고객을 진심으로 대하고 그들의 문제를 해결해주기 위해 온 마음을 다하는 것이야말로 고객과 나 자신이 진정으로 윈-윈 Win-Win 하는 길입니다.

——— 실행하지 않으면 아무것도 해결되지 않습니다 ———

문제해결력에 있어 또 하나 중요한 것을 꼽자면 그것은 실천력 또는 실행력입니다. 문제와 원인까지 정확히 파악했다 해도 실행하지 않으면 아무것도 해결되지는 않으니 당연한 이야기입니다. 이는 투자에 있어서도, 1인 지식기업가로 활동함에 있어서도, 사업을 함에 있어서도 마찬가지입니다. 어떤 일을 하건 성공하려면 문제해결력은 반드시 필요한 무기인데, 이는 무슨 일이든 '실행'을 통해 완성된다는 의미입니다.

부동산 투자를 할 때도 이리 재고 저리 재느라 좋은 물건을 놓치는 사람을 참 많이 봤습니다. 만약 정말 좋은 물건인데 자금이 부족하다면 자금을 마련할 방법을 찾고 실행으로 옮기는 편이 지레 포기하거나 끙끙 앓기만 하는 것보다 훨씬 낫지 않을까요? 또, 만약에 기껏 투자한 물건에 임차인이 들어오지 않아 공실이 많다면 그 원인을 파악하는 게 우선이고, 원인을 파악했다면 해결하기 위해 나서야 합니다.

그런데 중년층을 만나보면 대부분 극과 극으로 실행력이 나뉩니다. 너무 행동만 앞서는 분이 있는가 하면, 지나치게 조심하느라 끝내 실행하지 못하는 분도 있습니다. 실행력이 과한 분들을 진정시키는 건 간단합니다. 조급하게 굴다가 큰 손해를 본 분들의 사례를 알려드리면 되거든요. 문제는 지나치게 조심성이 많은 분들입니다. 이분들은 어지간해서는 움직이려 하지 않기 때문입니다. 그렇다면 실행력을 키울 수 있는 방법은 무엇일까요?

사실 실행력을 키우는 특별한 비법 같은 것은 없습니다. 그러나 실행을 하고 나서 느끼는 기쁨을 조금만 체험해보면, 결국 그 기쁨을 또 느끼기 위해 움직이게 될 가능성이 높아질 것입니다.

저 역시 예전에는 실행력이 부족한 사람이었습니다. 하지만 빚더미에 깔려 숨 쉬기도 버거운 삶에서 벗어나기 위해서는 무엇이든 시도해야만 했고, 그때부터 실행하는 것이 몸에 배기 시작했지요.

그리고 알게 된 사실은, 대부분의 일이 시작하기 전에는 귀찮고 하기 싫더라도 막상 하고 나면 상쾌해진다는 것입니다.

저는 건강을 위해 필라테스를 하는데, 사무실에서 5분 거리인 그곳이 그렇게도 가기 귀찮을 때가 있습니다. 하지만 막상 가서 운동을 시작하면 열정이 솟으면서 열심히 하게 되고, 땀 흘려 운동한 후 샤워하고 돌아올 때는 발걸음도 경쾌합니다. 갈 때는 귀찮았는데 돌아올 때는 상쾌함을 선물로 받고 오는 것입니다.

이는 미국의 심리학자인 윌리엄 제임스William James와 덴마크의 생리학자인 칼 랑게Carl Lange의 이름을 딴 '제임스-랑게 이론'을 통해서도 알 수 있습니다. 제임스-랑게 이론은 쉽게 말해 '신체의 변화가 감정을 좌우한다'는 것입니다. 보통 '정신이 육체를 지배한다'고 하는데, 그 반대로 '육체가 정신을 지배하는' 경우지요.

또, 어느 실험에서 참가자를 A그룹과 B그룹으로 나눈 후, A그룹에게는 나무젓가락을 입술로 물게 하고, B그룹에게는 이로 물게 했다고 합니다. A그룹은 다소 심각한 표정이 됐고, B그룹은 저절로 웃는 표정이 됐지요. 이후 두 그룹에게 똑같은 만화책을 보게 했는데, B그룹 참가자들이 훨씬 재미있게 봤다고 합니다. 이는 '행복해서 웃는 것이 아니라 웃으니까 행복해지는 것'이라는 말을 증명하는 실험이라고 할 수 있습니다.

우리가 무언가를 실행에 옮기지 못하는 이유는 작게 보자면 귀찮아서, 큰 문제에 있어서는 실패가 두려워서입니다. 하지만 작은 것부터 실행에 옮기는 것이 습관화된다면 큰 문제에 있어서도 실행력이 커지는 법입니다. 왜일까요? 우선 사소한 것들이라도 실행을 하다 보면 실패의 경험이 점점 쌓일 수밖에 없습니다. 그럼에도 불구하고 실행하고 또 실행하는 것이 습관화되면 실패에 대한 두려움이 점차 줄어들고, 자신감이 생기면서 실패 자체도 줄어들 수 있습니다. 그러니 작은 것이라도 실행하고 실천하는 습관부터 들이는 것이 좋습니다.

이를 위해서 딱 세 가지만 실행에 옮겨보세요. 이 세 가지만 습관화하는 데 성공한다면 실행력을 높이는 데 큰 도움이 됩니다.

첫째, 매일 아침 10분만 산책을 해보세요. 이는 제가 실제로 꼭 하고 있는 것이기도 한데, 그것만으로도 기분이 매우 상쾌해지고, 마음도 한결 여유로워지며 산책을 하면서 그날 해야 할 일을 머릿속으로 정리할 수 있어 업무 능률도 오릅니다. 딱 10분만 더 일찍 일어나거나 출근 준비를 조금만 서둘러도 충분히 만들 수 있는 시간이니 부담이 되지 않을 겁니다.

둘째, 하루에 두세 번, 억지로라도 웃어보세요. 말했듯이 억지로라도 웃으면 엔도르핀 같은 호르몬이 분비되어 기분도 좋아지고 건강도 더 좋아집니다.

셋째, 하루에 단 1분이라도 운동을 하거나, 하기 싫어서 미루었던 일을 하는 데 써보세요. 딱 1분이면 됩니다. 하기 싫은 일이라고 계속 미루면 더 하기 싫어지고 영원히 하지 않게 되는 법입니다. 하루 1,440분 중 딱 1분만이라도 그런 일을 매일 하다 보면 귀찮은 일도 해내는 힘이 생길 것입니다.

실천력이 좋아지는 작은 습관 세 가지
- 첫째, 매일 아침 10분 동안 산책을 한다.
- 둘째, 하루에 두세 번이라도 웃기 위해 노력한다.
- 셋째, 하기 싫어서 미루어뒀던 일을 하루에 1분이라도 실천해본다.

4장

무기 3: 차별화

인생 2막의
나를
재정의하세요

─── 성공적인 차별화에는
'새로운 가치'가 필요합니다 ───

4차 산업혁명 시대로 접어들면서 이제 사람이 아닌 기계 또는 인공지능AI과 경쟁해야 하는 상황이 됐습니다. 곧 다가올 미래를 예측한 자료들을 보면 지금 존재하는 직업 중 상당수가 사라질 것이라고들 하지요. 심지어 수십 년간 초밥을 만들어온 명인名人이 초밥 기계에 밀려나고 있는 상황이니까요.

이런 상황에서 인생 2막을 맞이해야 하는 우리로서는 더더욱 기존에 하던 일만 해서는 버텨내기 힘들 겁니다. 그렇기에 우리는 스스로를 재정의해 '리포지셔닝 repositioning'해야 합니다. 바로, '차별화'를 해야 하는 것이지요.

공급이 넘치는 무한경쟁 시대에, 고객이 나를 택하게 하려면 당연히 눈에 띄는 무언가가 있어야만 합니다. 그게 바로 차별화 요소입니다. 하지만 주의해야 할 것이 있습니다. 많은 사람이 단지 남들과 '다르게' 하는 것이 곧 '차별화'라 생각하는데, 다르다고 해서 무조건 차별화가 되지는 않는다는 것입니다. 그렇다면 무엇이 더 필요할까요?

바로, 차별화에는 '가치'가 포함되어야만 합니다. 자기 자신에게도, 고객에게도 모두 새로운 가치를 제공할 수 있어야 진정한 차별화라고 할 수 있습니다.

이는 특히 1인 지식기업가가 되는 데 있어서 필수 요소라 할 수 있습니다. 예전보다 책을 출간하기도, SNS로 자신을 홍보하기도 쉬워진 세상, 유튜브를 통해 크리에이터로서 활동하기도 쉬워진 세상에서라면 남들과 다른 가치를 제공할 수 있어야 하니까요.

자신을 재정의하기 위해 가장 먼저 해야 하는 것은 무엇일까요? 당연히 '지금의 자신을 정확히 파악하는 것'입니다. 현재의 내가 어떤 사람인지도 모르면서 미래의 나를 그리기란 불가능할 테니까요.

1인 지식기업가 컨설팅에서 제가 항상 강조하는 것도 '현재의 자신을 명확하게 정의하라'는 것입니다. 나는 무엇을 하고 싶고 또 내게는 어떤 강점이 있는지, 내가 하려고 하는 일은 무엇인지, 그와 관련해 나의 지식이나 노하우는 어느 정도인지를 명확히 알라는 의미입니다.

차별화는 4050세대에게 더 쉬울 수도 있습니다. 융통성이 있는 나이이기도 하고, 삶에서의 경험이 적지 않을 테니 이런 경험들을 융합하는 것만으로도 차별화가 되기도 하니까요.

처음 부동산 컨설팅을 시작하던 당시 저는 막상 부동산 투자자나 컨설턴트로서의 경력은 짧은 편이었습니다. 그렇기 때문에 1인 지식기업가로서의 삶을 준비하면서 차별화의 필요성을 절실히 느꼈습니다. 그것만이 남들보다 시작이 늦었던 제게 남은 유일한 방법이었으니까요. 그때 저는 스스로를 돌아보았습니다.

- 나는 쉰을 눈앞에 두고 있고, 빚 때문에 갖은 고생을 하고 이제 인생 2막을 시작하려는 사람이다. 다른 사람들은 나와 같은 고된 일을 겪지 않았으면 좋겠다는 바람이 있다.

- 나는 과거에 착실한 직장생활을 했던 사람이다.

- 처음 퇴사를 생각했을 때, 나는 무려 3년이나 공인중개사 자격증을 준비했다. 나가서 무엇을 해야 할지 막막하고 불안했으나 할 줄 아는 것이 없었기 때문이다.

　　　　　　부와 운을 최대치로 끌어올리는 인생 2막의 성공 법칙

이는 물론 제가 되돌아본 당시의 나 자신의 극히 일부일 뿐입니다. 그런데 이 요소들이 합쳐져 부동산 컨설턴트로서의 제가 가야 할 길이 정해졌습니다.

"50세 전후 은퇴자가 경제적으로 자유롭고 행복한 인생 2막을 살아갈 수 있도록 돕는 사람이 된다."

우선 제가 50을 눈앞에 둔 상황이었으니 저와 비슷한 연령대의 심리라면 잘 알고 있었습니다. 또한 그들과 비슷한 시기에 직장생활을, 그것도 매우 착실하게 해본 경험이 있기에 은퇴를 준비하는 사람의 심정을 잘 이해할 수 있었지요. 쉽게 말해, 저 자신을 돌아본 결과 '내가 가장 잘 알고 또 잘할 수 있는' 방향으로 스스로를 리포지셔닝한 것입니다.

여기에 컨설턴트로서의 좀 더 명확한 차별화 요소도 있었습니다. 투자 전략에 관한 것이었지요.

"가장 잘 이해할 수 있는, 그래서 나의 잠재적 고객으로 삼은 사람들에게 적합한 투자 방법은 무엇일까?"

이 고민에 대한 답도 저의 경험에서 나왔습니다. 투자자로서 저는 단번에 일확천금을 노리는 것보다 안정적인 현금흐름을 만드는 데 집중해왔습니다. 만약 20대나 30대였다면 '인생 한 방'이라는 말을 앞세워 과감한 투자를 했을지도 모르나, 이는 한번 기울면 다시 일어서기 힘든 중년에게는 너무 위험한 방법이지요. 그래서 제가 택한 방법이 저렴하게 나온 노후화된 건물을 매입 후 리모델링하여 임대 또는 매매하는 수익형 부동산 투자였습니다.

저와 비슷한 나이와 상황에 놓인 사람들이라면 이런 투자 방식을 선호할 가능성이 높을 것이라는 확신이 들었습니다. 또는 이런 방향을 선호하지는 않더라도 그들이 지향해야 할 방향임을 알고 있었지요. 그래서 이를 중심으로 투자 컨설팅 방향을 설정했고, 이것 또한 저만의 차별화 요소가 되었습니다.

결국 부동산 투자 컨설턴트로서의 저는 제 자신의 위치를 명확히 인식함으로써 스스로를 재정의하고 나아가야 할 방향을 설정했기에 차별화에 성공할 수 있었던 셈입니다. 이처럼 차별화란, 완전히 새로운 것을 창조함으로써 이루어지는 게 아니라, 현재의 내가 가진 자원과 강점을 바탕으로 만들어지는 것입니다.

─── 마케팅도 '차별화된 콘텐츠'로
승부하세요 ───

남들과 차별화되는 가장 쉽고 빠른 방법은 자신만의 콘텐츠를 만드는 것입니다. 또한 이는 부자가 되는 기회를 마냥 기다리는 것이 아니라 능동적으로 그 기회를 '만들어가는' 방법이기도 합니다.

여기서 '나만의 콘텐츠'에는 두 가지 의미가 있습니다.

첫 번째 의미는 1인 지식기업가로서 남들이 범접할 수 없는 차별화 요소를 만드는 것입니다. 그리고 두 번째는 이런 차별화된 스스로를 하나의 콘텐츠로 만들어 '파는' 것을 뜻합니다. 이것은 바로 앞에서 설명한 재정의와 리포지셔닝의 과정이라 할 수 있습니다. 자신의 원석을 발견하고 다듬는 과정이기도 하고요.

여기서는 두 번째 의미에 대해 이야기를 해보겠습니다. 남들과 차별화된 무언가를 갖추었다면, 이를 사람들에게 알릴 수 있어야 합니다. 즉, 마케팅을 해야 한다는 것이죠. 아무리 좋은 상품이 있어도 이를 고객들이 인식하지 못하면 팔리지 않습니다. 그래서 마케팅은 인식의 싸움이라고도 합니다. 차별화된 개인도 고객 입장에서는 하나의 상품입니다. 내가 차별화된 컨설팅을 제공한다면, 고객이 이를 인식해야 기꺼이 돈을 내고 '차별화된 컨설팅'이라는 상품을 사게 되는 것이지요.

성품이 매우 진실되고 투자 노하우도 뛰어난 동료 컨설턴트가 있습니다. 컨설팅을 받은 고객들이 매우 만족해, 누구에게나 안심하고 추천할 만한 사람이기도 하지요. 그럼에도 불구하고 이 동료는 고객을 찾는 데 어려움을 겪고 있었습니다. 바로 스스로를 마케팅하는 데 실패했기 때문입니다.

마케팅을 하겠다고 나의 장점만을 죽 열거하는 것은 무의미합니다. 마케팅 하나도 고객에게 가치를 제공할 수 있어야만 합니다. 어떤 것을 골라야 할지 판단하기도 힘들 정도로 상품이 넘쳐나는 세상에서 나 잘났다고 아무리 떠들어봐야 고객은 눈길조차 주지 않습니다. 그러니 고객이 '광고'라고 느끼지 않고 받아들일 수 있는 콘텐츠로 접근해야 하는 것입니다.

쉽게 말하자면, 고객이 '이건 광고구나'라고 인식하지 못하게, 그들이 필요로 하는 정보를 담아 접근하라는 의미입니다.

예를 들어 글쓰기 강사가 있다고 해보겠습니다. 이 강사가 자신을 블로그로 홍보하고 싶다면 어떻게 하는 것이 좋을까요? 보통은 자신이 강의하고 있는 사진을 대문짝만하게 올리고 이력을 죽 열거합니다. 좋은 방법일까요? 처음부터 '글쓰기 강사를 찾아봐야지'라고 결심하고 검색하는 사람이 아니라면 이 정보들은 아무런 도움이 되지 않습니다. 그런 의도를 가진 소수의 사람에게조차 그 글은 매력이 없을 것이고요.

반면 접근법을 조금만 달리한다면 사람들의 관심을 끌 수 있습니다. 글쓰기를 공부해야 하는 이유부터 그 효과는 물론이고 글쓰기에서 주의해야 할 점들까지를 일목요연하게 정리한 글이 있다면 어떨까요? 정보가 충분히 담겨 있기만 하다면 글쓰기 방법이 궁금해 검색한 사람들은 끝까지 읽게 될 것입니다. 그 글의 끝에 자신의 이력을 살짝 덧붙이면 사람들은 이 글이 광고임을 알게 되더라도

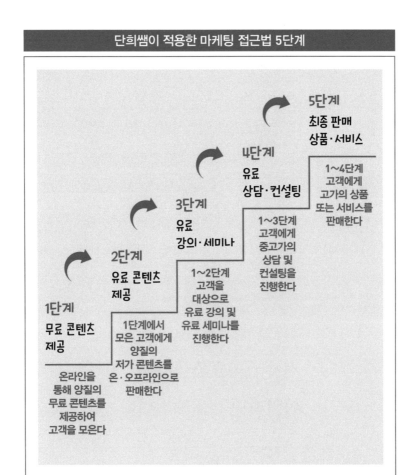

단희쌤이 적용한 마케팅 접근법 5단계

1단계
무료 콘텐츠 제공
온라인을 통해 양질의 무료 콘텐츠를 제공하여 고객을 모은다

2단계
유료 콘텐츠 제공
1단계에서 모은 고객에게 양질의 저가 콘텐츠를 온·오프라인으로 판매한다

3단계
유료 강의·세미나
1~2단계 고객을 대상으로 유료 강의 및 유료 세미나를 진행한다

4단계
유료 상담·컨설팅
1~3단계 고객에게 중고가의 상담 및 컨설팅을 진행한다

5단계
최종 판매 상품·서비스
1~4단계 고객에게 고가의 상품 또는 서비스를 판매한다

개의치 않습니다. 좋은 정보를 얻었으니까요. 그리고 글쓰기 강의를 들어야겠다고 생각한다면 그 강사에게서 듣게 될 가능성이 높아지겠지요.

이처럼 마케팅을 할 때도 좋은 정보와 가치가 담긴 자신만의 콘텐츠가 있어야 합니다. 그냥 광고가 아닌, 읽는 사람들에게 가치를 제공하는 하나의 콘텐츠여야 한다는 것입니다.

만약 자신이 전문성을 가진 분야라면 3개월, 길게 잡아도 6개월이면 얼마든지 그런 콘텐츠들을 만들어낼 수 있습니다. 좋은 콘텐츠들을 찾아서 분석해보고 그 특성을 적용하여 작성하는 연습을 해보면 도움이 될 것입니다. 또는 마케팅 책들을 사서 공부하거나 관련 강의를 듣는 것도 좋은 방법이지요. 만약 자금에 여유가 있다면 마케팅 강사를 찾아가 일대일 지도를 받는 것을 추천합니다. 가장 빨리, 가장 확실하게 노하우를 익힐 수 있는 방법이기 때문입니다.

많이 하면 쉬워지고, 쉬워지면 탁월해집니다

스스로를 재정의하고 차별화하는 것, 이를 가치 있는 콘텐츠로 만들어 널리 알리는 것, 모두 중요한 일입니다. 하지만 잊지 말아야 할 것이 있습니다.

어떤 일이건 꾸준히, 지속적으로 하지 않으면 효과는 반감된다는 사실입니다. '단무지 법칙' 중에서도 마지막 '지속성'의 법칙은 어떤 일에든 적용된다는 점을 명심해야 합니다.

또한 이 꾸준함은 그 자체로 하나의 차별화 요소가 되기도 합니다. 제게 유튜버가 되고 싶다며 상담을 요청하는 분들이 적지 않습니다. 저는 여력이 닿는 데까지 노하우를 공유하는 편이지요. 그런데 처음에는 의욕에 가득 차 시작했던 분들이 불과 한 달도 되지 않아 점점 영상 업로드를 줄이다가 이내 활동을 접는 모습을 보면 안타깝기도 하고 김이 새기도 합니다. 세상에 한 달 만에 성과가 나는 일이 얼마나 있을까요? 더구나 유튜브 역시 점점 경쟁이 심해지고 있는데 고작 영상 10개 정도만 올리고는 반응이 신통치 않다며 포기하는 것이 과연 옳은 걸까요?

아무리 노하우를 전수받았다 해도 이를 자기화하는 과정은 필수입니다. 그 과정에는 수많은 연습이 필요하고요. 어떤 일이든 처음에는 힘들어도 반복할수록 쉬워지게 돼 있습니다. 그리고 어떤 일이 쉬워졌다는 것은 그만큼 탁월해졌다는 의미이기도 하지요. 그러니 꾸준함이야말로 탁월함, 즉 차별화로 가는 길이라고 할 수 있습니다.

시작이 가장 어려운 법입니다. 그 어려운 고비를 넘겨놓고 왜 쉽게 포기하는 걸까요? 이 역시 초반의 어려움을 이겨내지 못하기 때문입니다. 하지만 무엇이든 처음에는 그토록 힘들고 어려웠던 일들도 조금만 더 해보면 생각보다 쉽다고 느끼게 마련입니다.

제가 남들보다 늦은 나이에 컨설턴트로서는 물론 유튜버로서도 자리를 잡을 수 있었던 비결을 묻는 분들이 정말 많은데, 단연코 '꾸준함'이 그 핵심이라고 말할 수 있습니다. 물론 컨설팅 노하우나 영상을 기획하고 만드는 나만의 비결도 있긴 합니다. 하지만 이는 꾸준함의 결과일 뿐, 결코 하늘에서 뚝 떨어진 것은 아닙니다.

저는 무슨 일이든 늦게 배우는 편이었습니다. 개중에는 중간에 포기한 일들도 있고, 꾸준히 밀어붙인 것들도 있습니다. 그리고 끝까지 밀어붙인 일들은 결국 성과가 났습니다. 남들보다 오래 걸리더라도 결국은 이루어냈지요. 유튜브도 마찬가지입니다. 저만큼 꾸준히 영상을 올리는 유튜버들 이야기를 들어보면 보통 한 달 정도 해보니 익숙해졌다고 하던데, 저는 무려 3개월을 헤맸습니다. 구독자가 빠르게 늘었지만, 영 어색하기만 하고 콘텐츠의 질이 높아진다는 느낌이 들지 않았지요. 그럼에도 포기하지 않았고, 그렇게 3개월이 넘어가면서 '이제 익숙해졌다'고 느낀 그 순간부터 구독자가 더욱 빠르게 늘기 시작했습니다.

지금 하는 일이 잘 안 되시나요? 그런 상황이 불운과 환경 탓이라고 생각하시나요? 아니면 능력이 부족해서라고 생각하시나요?

아닙니다. 사실 만족스러운 결과가 나오지 않은 이유는 매우 단순합니다. '충분히' 하지 않았기 때문입니다. 물이 끓으려면 100도가 되어야 하듯, 비행기가 이륙하려면 활주로 위를 충분히 달려야 하듯, 모든 일은 어느 정도 이상을 해야만 이루어집니다. 즉, 반드시 임계치를 넘어야만 유의미한 성과가 납니다.

피트니스센터에서 벤치프레스를 할 때면 트레이너가 항상 하는 말이 있습니다.

"한 번만 더요! 자, 마지막으로 한 번만 더요! 자, 이제 진짜 마지막입니다. 한 번만 더요!"

그럴 때면 도저히 더는 못 할 것 같다가도 정말 한 번을 더 들어 올리게 되지요. 누구나 자신의 한계를 너무 낮게 보는 경향이 있는 것입니다.

포기하고 싶으신가요? 그렇다면 트레이너들이 '한 번만 더'를 외치듯, 그때마다 어떻게든 한 번을 더 들어 올렸듯, 스스로도 이렇게 외쳐보세요.

"자, 한 번만 더!"

그렇게 한 번만 더 하다 보면 어느새 당신의 끓는점이 바로 눈앞에 있음을 알게 될 것입니다.

5장

방법 1: 독서

한 권의 책은
한 개의 습관을
만들어줍니다

───── 세 가지 무기를 갖추는
가장 좋은 도구, 책 ─────

이제 앞서 이야기한 변화적응력, 문제해결력, 차별화를 갖추는 방법들을 알아볼 차례입니다. 그 첫 번째 방법은 바로 '독서'입니다.

저는 누구에게나 독서를 권합니다. 독서의 중요성은 아무리 강조해도 부족하다 보니 주위 사람들이 잔소리처럼 받아들일 때도 있는 것 같습니다. 그래도 저는 멈추지 않을 생각입니다. 왜냐하면 책이야말로 사람을 성공으로 이끌고 삶을 완전히 뒤바꿔줄 가장 좋은 도구임을 알기 때문입니다. 바로 제가 산증인이니까요.

제가 독서에 빠져든 것은 2009년, 마흔셋이 되던 해부터였습니다. 1부에서 이야기한 것처럼 내 삶을 송두리째 바꾼 '운명의 책'을 읽은 후, 무언가에 홀린 듯이 독서를 시작했지요.

하지만 주의해야 하는 점이 있습니다. 독서를 통해 우리가 갖춰야 할 것은 가벼운 '스킬'이 아닌 좀 더 근본적인 것이어야 한다는 점입니다. 물론 보고 바로 따라 할 수 있는 팁도 큰 도움이 되는 것은 맞습니다. 하지만 그전에 나의 마음가짐을, 태도를, 세상을 바라보는 시야를 바꿀 수 있어야 합니다. 즉, 책을 통해 3부에서 다루게 될 5단계 재테크의 기본기이자 탄탄한 내공을 다져야 한다는 뜻이지요. 더구나 변화적응력을 이야기할 때 언급했던 것처럼, 인간은 나이가 들수록 모든 장기와 뼈가 퇴화하지만 유일하게 뇌만은 노력 여하에 따라 점점 더 발달할 수 있습니다. 그리고 책을 읽는 것만큼 우리의 뇌를 활성화시키는 행위도 없지요.

책을 읽어야 할 이유는 이렇듯 무궁무진합니다. 그렇다면 어떤 책을 읽어야 할까요?

인생 2막에는 ── 책 읽기도 달라져야 합니다

2030세대에게는 상대적으로 독서의 깊이보다 폭이 중요할지도 모릅니다. 다양한 분야의 책을 최대한 많이 접하는 것이지요. 이는 어린아이들의 재능을 찾아주기 위해 다양한 경험을 하게 해주는 것과 유사합니다. 자신이 어느 분야에 재능 또는 관심이 있는지를 알아야 하는 시기이기도 하니까요.

하지만 인생 2막에는 폭보다 '깊이'가 중요합니다. 우리는 취미로 책을 읽으려는 것이 아닙니다. 물론 독서가 취미까지 된다면 더욱 좋겠지만, 우리에게는 책을 읽는 목표가 분명하기 때문입니다. 바로 투자자로서 또는 1인 지식기업가로서 전문성을 갖추기 위함이지요.

그렇기에 이 시기에는 좀 더 신중하게 책을 선택해야 합니다. 기준이 분명해야 하는 것이지요. 우선 첫 번째 기준은 자신이 전문성을 갖추고 싶은 분야의 책을 주로 읽어야 한다는 것입니다. 만약 부동산 투자를 하고 싶다면 폭넓은 기초지식이 담긴 부동산 책부터 시작해 좀 더 주제를 세분화하여 깊이 들어가야 합니다. 부동산 경매를 할 것인지, 토지 투자를 할 것인지, 상가 건물 투자를 할 것인지, '꼬마 빌딩'에 투자할 것인지 등 자신이 주력하고 싶은 분야에 따라 이후 책 선정도 달라져야겠지요. 1인 지식기업가가 되기 위한 책이라면 당연히 그 분야 책을 위주로 읽어야 하고요.

하지만 어떤 분야를 선택하건 마케팅 책은 필수로 읽어야 합니다. 누군가는 이렇게 생각할 수도 있습니다.

"실력만 있으면 고객은 알아서 찾아오게 돼 있다."

그러나 이는 시대착오적인 생각입니다. 한번 곰곰이 기억을 되새겨보세요. 최근 영화관에 가서 본 영화 또는 구매한 물건이 있다면, 내가 왜 그것을 택했는지 생각해보는 겁니다. 물론 '그 영화가 재미있을 것 같아서', '그 물건이 내가 원하는 상품 같아서' 선택했겠지요? 그렇다면 그런 정보를 어디서 얻었을지 생각해보세요. 아마도 광고를 통해 얻었을 가능성이 높습니다. 바로 이게 마케팅을 공부해야 하는 이유입니다.

부동산 투자를 해서 기껏 건물을 매입해놓고 제대로 홍보하지 못하면 공실이 생겨 수익성이 떨어지거나, 공인중개사에게 비싼 수수료를 줘가면서 입주자를 찾아야만 하지요. 하지만 마케팅 능력만 갖추고 있다면 그런 문제를 해결할 수 있습니다. 또는 1인 지식기업가로서 기껏 열심히 공부를 해놓고 나를 알리지 못한다면 누구도 찾아오지 않습니다. 상담이건 강의건 고객이 찾아야 뭘 시작할 수 있는 법이니까요.

그런데 간혹 독서를 하라고 하면 '읽는 행위' 자체에만 집중하는 분들이 있습니다. 처음부터 끝까지 읽는다는 것 자체에만 의미를 두는 것이지요. 내용을 완벽히 이해하지 못해도 '읽었으니까' 그냥 넘어가기도 하는데, 그래서는 독서를 하는 의미가 없습니다. 특히 인생 2막을 대비한 독서라면 허투루 해서는 안 됩니다. 지금 읽는 책 한 권, 내가 읽고 있는 이 한 문장이 남은 인생을 긍정적으로 바꿔줄 수도 있으니 말입니다.

그렇기에 이 시기의 독서는 시험을 앞둔 수험생이 공부하듯이 해야 합니다. 말 그대로 공부를 하는 것이니까요. 좀 과장하자면 '목숨 걸고' 읽어야 합니다.

저는 컨설팅을 의뢰한 분들께 유튜버가 될 것을 자주 권합니다. 지금 당장 유튜브만큼 1인 지식기업가로서 활동하기 좋은 플랫폼이 없고, 이 열풍이 한동안 이어질 거라 확신하기 때문입니다. 그러나 많은 분들이 자신은 정말 다룰 수 있는 콘텐츠가 없다며 한사코 거부하십니다.

그럴때마다 저는 그분들께 상대적으로 시작하기 쉬운 콘텐츠로 '독서 채널'을 권합니다.

오해는 하지 마세요. 독서 콘텐츠 운영이 쉽다거나 대충 해도 된다는 의미는 아닙니다. 오히려 저는 독서 채널을 잘 운영하는 분들을 정말 존경합니다. 누구나 쉽게 접할 수 있는 책을 가지고 좋은 콘텐츠를 만든다는 게 결코 간단한 일이 아니거든요.

하지만 진입장벽이 거의 없다는 건 사실입니다. 글을 읽을 줄만 안다면 독서가 가능하고, 책은 가격 부담이 적으니까요. 더구나 책을 읽고 싶은 마음은 있으나 막상 읽기는 귀찮아하는 사람이 많아 누가 자기 대신 읽고 설명해주기를 바라는 사람도 많지요. 그런 의미에서 독서 채널은 시작하기에 무척 쉬운 게 사실입니다.

부와 운을 최대치로 끌어올리는 인생 2막의 성공 법칙

단, 저는 이때 내담자에게 세 가지를 주의하라고 합니다.

첫째, 책 선정을 잘할 것
둘째, 꾸준히 올릴 것
셋째, 책을 '목숨 걸고' 읽을 것

앞의 두 가지는 너무 당연한 이야기이니 생략하고, 바로 세 번째 이야기로 넘어가겠습니다. 독서 관련 채널을 운영하는 사람이 많은 만큼 뒤늦게 진입한 사람이 차별화와 경쟁력을 갖추려면 그만큼 콘텐츠의 질이 높아야 합니다. 이를 위해서는 책을 정말 '씹어 먹듯이', 낱낱이 분석해가며 읽는 것은 기본이지요.

> "오늘 이 책을 읽고 이에 관련해 내일
> 전 국민 앞에서 발표한다는 심정으로 읽으세요."

꼭 유튜브 영상을 만들기 위해서가 아니더라도, 인생 2막을 대비하는 사람의 독서는 이런 심정으로 해야 합니다.

물론 이렇게 책을 읽으려면 무척이나 힘이 듭니다. 처음에는 300쪽짜리 책 한 권을 읽는 데 며칠이 걸리기도 하지요. 하지만 그렇다고 너무 부담스러워 할 필요는 없습니다. 앞에서 한 분야 책을 집중적으로 읽는 것이 중요하다고 했지요? 여기에 답이 있습니다. 같은 분야의 책에는 기본적으로 겹치는 내용이 있게 마련입니다. 그러니 처음에는 일주일씩 걸리더라도 그 분야 책을 열권 째 읽을 때는 세 시간이면 충분한 경우도 많습니다.

시간을 아끼면서 효과는 대폭 높여줄 독서 노하우

우리에게는 책을 '깊이' 읽는 것이 '많이' 읽는 것보다 중요하다고 했습니다. 하지만 다독多讀 역시 매우 중요합니다. 책이란 누군가가 가진 전문성의 정수를 담은 것이니 가능하다면 많이 읽는 게 당연히 좋겠지요?

그런데 세상에는 정말 많은 책이 있습니다. 대한출판문화협회가 해마다 발표하는 연간 책 출간 통계 자료를 보면, 2018년 한 해에만 약 5만 7천여 종의 책이 출간됐습니다. 하루에 150종 이상의 책이 출간되고 있다는 의미입니다.

이런 상황에서 계획과 전략 없이 책을 읽는 것은 비효율적입니다. 더 효과적이고 효율적인 독서를 해야만 무시무시하게 쏟아지는 책의 홍수 속에서 나의 인생 2막에 더 보탬이 되는 책을 찾아 제대로 읽을 수 있습니다.

이런 효과적이고 효율적인 독서를 위한 세 가지 노하우가 있습

부와 운을 최대치로 끌어올리는 인생 2막의 성공 법칙

니다.

첫 번째는 '스키마'를 넓히는 것입니다. 스키마란 쉽게 말해 배경지식, 즉 기억에 내재된 경험의 합이라 할 수 있습니다. 배경지식이 많이 쌓이면 관련된 정보가 나올 때마다 더 쉽고 빠르게 이해해 내 것으로 만들 수 있습니다. 나아가 여러 지식들이 결합하여 새로운 지식으로 재창조되기도 합니다. 여기서 중요한 것은 스키마를 쌓는 데 있어서도 독서만큼 좋은 방법이 없다는 것입니다.

다음으로는 읽은 내용을 감정과 감성에 연결시키는 것입니다. 꼭 독서에 한정해서만이 아니라 이렇게 감정과 감성에 연결시키는 공부는 항상 효과적입니다.

이런 예시는 주변에서도 얼마든지 볼 수 있습니다. 80세가 된 저희 어머니는 아파트 현관 비밀번호를 자주 잊어버리십니다. 그런데 제가 퇴근하고 들어가면 그날 보신 드라마 내용을 시간 순서까지 그대로 술술 풀어주시지요. 이게 바로 감정과 감성에 연결됐을 때 생기는 효과입니다.

이런 독서법은 사실 그리 어렵지 않습니다. 독서에 앞서 이 책을 읽고 얻은 지식으로 성공한 나의 모습을 생생하게 그려보는 것만으로도 제법 효과가 있지요. 또한, 독서가 익숙해지기 전까지는 내가 좋아하고 관심 있는 분야의 책을 주로 읽는 것도 좋습니다. 읽다가 중간에 과거의 좋았던 기억을 떠올리게 한다면, 잠시 멈추고 그 기억을 생생히 떠올려보는 것도 효과적입니다.

마지막으로 '낭독'을 추천합니다. 감성이나 감정과 연결시키는 것과도 비슷한 원리로 인간은 오감을 최대한 활용할수록 더 잘 기억하게 된다고 합니다. 오감 중 한 가지라도 더 활용할수록 효과적인 독서가 된다는 것이지요. 그러니 낭독을 하게 되면 시각만이 아니라 청각까지 활용하게 되어 더 기억에 잘 남게 됩니다.

가천의과대 뇌과학연구소의 조사 결과에 따르면, 낭독을 하게 되면 눈으로만 읽을 때에 비해 뇌가 20~30퍼센트 더 활성화된다고 합니다. 이에 따라 집중력도 좋아지지요. 또한 나의 발음과 발성, 목소리가 그대로 드러나기 때문에 이를 신경 써서 읽다 보면 부수적인 효과도 생깁니다. 정확한 발음과 듣기 좋은 목소리는 사람들에게 호감을 줄 뿐만 아니라, 1인 지식기업가로서 강의나 상담을 할 때도 큰 도움이 될 것입니다.

이런 몇 가지 간단한 방법만으로도 같은 시간에 더 큰 독서 효과를 낼 수 있고, 나중에는 훨씬 짧은 시간에 더 많은 책을 읽을 수 있습니다. 그럴수록 스키마는 쌓여갈 것이고, 책 읽는 시간을 단축시켜 더 많은 책을 읽을 수 있게 되는 선순환이 이루어집니다. 그러니 책을 읽을 때도 그냥 무턱대고 읽을 것이 아니라 더 효과적인 독서법은 무엇인지 생각해보시기 바랍니다.

독서 효과를 10배 올리는 효율적인 독서법 세 가지
- 첫째, 스키마(배경지식)를 넓힌다.
- 둘째, 읽은 내용을 감정과 감성에 연결시킨다.
- 셋째, 낭독한다.

전문가가 되기 위한 독서법

앞에서 같은 시간에 더 많은 정보를 습득할 수 있는 효율적인 독서법에 대해 이야기했습니다. 이번에는 비슷하면서도 조금 다른, 하지만 한 분야에 전문성을 갖추는 데 있어서 효과적인 두 가지 독서 노하우를 알아봅시다.

우선 첫 번째는 '꼬리 물기'와 '책 발굴'입니다. 흔히 '거미줄 독서법'이라고도 하는 방법이지요. 이게 무슨 말이냐고요?

대부분의 책에는 다른 책 인용이나 소개가 나오게 마련입니다. 저자가 이 책을 쓰기 위해 공부할 때 읽은 책, 감명 깊게 읽은 책, 추천할 만한 책 등이 자주 언급되거나 인용되지요. 그런 책들은 지금 읽고 있는 것과 어느 정도 연관성이 있으면서 그 유익함이 보장된 책이라 할 수 있습니다. 바로 그 책들을 찾아서 읽는 겁니다. 또한 그 책에도 다른 책들에 대한 이야기가 나올 테니 읽어야 할 책이 더 생기겠지요? 이렇게 꼬리에 꼬리를 물 듯 다음에 읽을 책을 발굴하는 것입니다. 마치 얽히고설킨 거미줄처럼, 책 한 권에서부터 넓게 뻗어나가게 되겠지요. 또한 이는 연관된 책들을 읽게 되는 것이므로 매우 깊이 있는 독서이기도 합니다. 한 해에 쏟아지는 5만 7천 종의 책들 중 무엇을 읽어야 할지 고르기도 쉽지 않은 상황에서 책 선정하는 시간도 줄여주니 그야말로 일석이조가 아닐까요?

이런 식의 독서법에 앞서 설명한 세 가지 노하우가 더해지면 책을 고르는 것도, 읽는 것도 더 빨라지게 마련입니다. 서로 연관성이 많은 책들이니 스키마가 더 많이 쌓여 읽는 시간도 확 줄어들기 때문이지요. 이러한 방법으로 저는 지난 10여 년간 총 1만여 권의 책을 읽을 수 있었습니다. 처음에는 하루에 한 권에서 많아야 두 권까지 읽는 데 그쳤지만, 나중에는 이미 다른 책에서 읽어 알고 있는 내용들이 많기에 술술 읽을 수 있었던 것이지요. 저는 가끔 시간을 내서 온전히 독서에만 몰두하는 '몰입 독서' 기간을 갖는데, 그럴 때는 하루에 10권 이상 읽기도 합니다.

다음으로는 '메모하면서 읽기'입니다.

사람들은 책을 신성하게 여기는 경향이 있습니다. 어쩌면 틀린 말은 아닐 겁니다. 책 한 권에는 최소 한 사람 이상이 쌓아온 지식과 노하우가 고스란히 담겨 있는 경우가 많으니 무척 소중한 것이 맞습니다. 하지만 책을 읽는 목표를 생각해보세요. 그 안에 담긴, 저자가 전달하고자 하는 무언가 또는 내가 얻고자 하는 지식이나 정보를 습득하는 것이 독서의 목적 아닐까요? 그렇다면 그 목적에 최대한 부합하게 활용할 때 책은 더욱더 가치 있는 도구가 되어주겠지요. 무엇이든 그 쓰임새와 목적에 더 잘 맞게 활용될수록 빛나는 법이니까요. 그런 의미에서 필요하다면 책에 밑줄도 긋고 메모도 해가면서 읽는 것이 책의 가치를 제대로 활용하는 것입니다.

저는 책을 읽을 때 색깔을 구분해 밑줄을 긋고 옆에는 저만 알아볼 수 있는 약어略語를 이용해 메모를 합니다. 이 약어의 수가 제법 많은데, 이는 책 한 권을 다양하게 활용할 수 있다는 의미이기도 합니다.

예를 들어 '강'이라고 써놓은 것은 다음에 강의할 때 이야기하면 수강생들에게 도움이 될 것 같은 내용이라는 뜻입니다. '꼭지'라는 말은 나중에 책을 쓸 때 이 내용을 참고하여 한 꼭지를 써보겠다는 의미입니다. 이밖에도 습관화할 것을 뜻하는 '습', 사업이나 투자를 할 때 적용하겠다는 의미의 '적', 책이나 강의에서 인용할 내용은 '인', 유튜브 영상으로 만들 때 활용할 부분은 '동'과 같은 식으로 적어둡니다. 또한, 확인이 필요하다 싶은 부분은 '확'이라고 적습니다. 책이라고 해서 무조건 옳은 것은 아니니까요. 게다가 출간 당시에는 맞는 내용이라 해도 시간이 지나면서 달라졌을 수도 있고요. 이런 확인 과정을 통해 제 지식은 더욱 깊어지는 것입니다.

이렇게 약어로 적어놓은 것들은 따로 발췌해 노트북에 폴더로 만들어 저장을 해둡니다. 번거로운 과정이긴 하지만 한 번 시간을 내어 해두면 책 한 권에서 내게 필요한 부분들이 일목요연하게 정리가 되기 때문이지요.

독서를 통해 전문성을 갖추는 두 가지 방법

- **첫째, 꼬리 물기를 통한 책 발굴(거미줄 독서법)**
→ 책에 소개된 책을 꼬리에 꼬리를 물 듯 연결하여 읽으며 깊이 있는 독서를 한다.

- **둘째, 메모하며 읽기**
→ 내가 얻고자 하는 지식이나 정보의 목적에 맞게 표시하며 읽는다.

한 권의 책을 읽으면
하나의 좋은 습관이 생깁니다

독서에 관련해 이야기해야 할 가장 중요한 한 가지가 남았습니다. 바로, 책을 읽었으면 실천해야 한다는 것입니다. 머릿속에만 쌓아둔 지식은 죽은 지식입니다. 우리가 세 가지 무기를 갖춰야 하는 이유도, 이를 위해 독서를 해야 하는 이유도 급변하는 세상에서 살

부와 운을 최대치로 끌어올리는 인생 2막의 성공 법칙

아남기 위해서인데, 죽은 지식으로는 당연히 어렵겠지요. 그렇기에 독서는 '이 책에서 배운 것을 하나라도 실천하고 이를 습관화해 나의 삶을 더 긍정적으로 바꾼다'는 것을 목표로 해야 합니다. 그러지 않으면 책을 덮고 나서 '내가 뭘 본 거지?' 하며 독서가 무의미하게 느껴질 수도 있습니다.

그래서 저는 항상 책을 읽을 때마다 실천으로 옮길 수 있을 만한 것들을 꼼꼼히 체크해둡니다. 바로 앞에서 이야기한 '습'이라는 약어로 체크해두는 것이지요. 그리고 그중 최소한 하나라도 실천에 옮깁니다. 예를 들어, 낭독하는 것 또한 책에서 읽고 그 효과를 알게 된 후 실천에 옮긴 습관 중 하나입니다. 그렇다고 전철이나 카페에서 소리를 내 읽을 수는 없으니 주말에 혼자 조용히 집에서 책을 읽을 때는 낭독을 합니다. 이를 통해 제가 말이 느린 편이라는 것도, 발음이 좋지 않다는 것도 알게 됐고, 이후로는 이 점을 주의해가며 낭독했습니다. 덕분에 강의나 상담을 할 때도, 유튜브 영상을 만들 때도 큰 도움이 됐습니다.

또한 제가 매일 새벽 4시에 일어나는 이유도 책을 통해 새벽 시간을 활용할 때의 효과를 접했기 때문입니다. 처음에는 다소 힘들었지만 지금은 저의 가장 좋은 습관 중 하나가 되었지요.

이처럼 책에서 읽은 것들 중 내 삶에 적용해 긍정적인 효과를 볼 만한 내용이 나온다면 잊지 말고 꼭 실천해보기 바랍니다. 물론 책 한 권에 너무 많은 지침이 있어서 이를 일일이 옮기기는커녕 기억하기도 힘든 경우도 있습니다. 그렇다면 그중 딱 하나, 가장 실천에 옮기기 쉬운 하나만 기억하십시오. 그리고 이를 실천에 옮기고 반복해 습관을 만들어보는 겁니다. 최소 3주만 꾸준히 행해도 어느새 습관처럼 몸에 익을 것입니다. 이런 작은 것들이 쌓이고 쌓여 큰 성장과 큰 변화, 더 큰 성공을 가져오는 법이지요.

이제 책을 읽을 때는 한 가지를 명심하세요. 책 한 권을 읽으면 한 가지 좋은 습관이 생겨야 합니다.

내 인생을
바꿔준 37권의 책

'1만 권 독서' 경험에서 추려낸 책들

세상에는 좋은 책이 얼마나 될까요? 답은 "무수히 많다"입니다. 1년에도 수만 종이 쏟아져 나오는 상황에서 그중 1퍼센트만 좋은 책이라 해도 해마다 수백 권의 좋은 책이 나온다는 의미니까요. 기존에 나와 있던 책들과 고전까지 더하면, 평생 좋은 책들만 쌓아놓고 읽어도 그 1퍼센트도 다 읽지 못할 것입니다.

선택의 폭이 너무 넓고 다양하면 오히려 선택하기 어려운 법이지요. 그래서 어떤 책부터 읽어야 할지 몰라 고민하고 있을 분들을 위해 제가 읽어본 것들 중 좋았던 책을 추천해보려 합니다.

제 집에는 총 2만여 권의 책이 있는데, 그중 절반은 이미 읽은 것들입니다. 그러니 총 1만 권 정도를 읽은 셈이지요. 처음부터 끝까지 분석하듯이 정독한 책이 약 3,000여 권이고 나머지는 스키마와 독서 경험이 쌓이면서 술술 읽은 책들입니다.

이렇게 1만 권 중 단 1퍼센트 안에 드는 것들만 추렸으니 이 책들로 독서를 시작한다면 '변화적응력, 문제해결력, 차별화', 이 세 가지 무기를 갖추는 데 큰 도움이 될 것입니다.

1. 인생 2막, 삶의 태도를 다잡아줄 책

- 『새로운 생각은 받아들이는 힘에서 온다』(김용택 저/샘터/2015)
- 『에픽테토스의 인생을 바라보는 지혜』(에픽테토스 저/강현규 편/키와 블란츠 역/메이트북스/2019)
- 『칼 라거펠트, 금기의 어록』(칼 라거펠트 저/김정원 역/미래의창/2014)
- 『신의 멘탈』(호시 와타루 저/김정환 역/21세기북스/2019)
- 『1루에 발을 붙이고는 2루로 도루할 수 없다』(버크 헤지스 저/박옥 역/나라/2017)
- 『오늘, 남편이 퇴직했습니다』(박경옥 저/나무옆의자/2019)

2. 부富를 이루는 길을 알려주는 책

- 『부자 아빠 가난한 아빠(전 2권)』(로버트 기요사키 저/안진환 역/민음인/각 2018, 2016)

- 『파이프라인 우화』(버크 헤지스 저/라인/2015)

- 『타이탄의 도구들』(팀 페리스 저/박선령, 정지현 공역/토네이도/2017)

- 『조인트사고』(코지마 미키토, 사토 후미아키 공저/오정연 감역/매일경제신문사/2013)

- 『부를 끌어당기는 절대법칙』(월러스 D. 와틀즈 저/이옥용 역/북허브/2010)

- 『부의 추월차선』(엠제이 드마코 저/신소영 역/토트출판사/2013)

3. 1인 지식기업가의 기반을 마련해줄 책

- 『백만장자 메신저』(브렌든 버처드 저/위선주 역/리더스북/2018)

- 『내가 찾은 평생직업, 인포프래너』(송숙희 저/다차원북스/2018)

- 『제로창업』(요시에 마사루, 기타노 데쓰마사 공저/이노다임북스/2015)

- 『오후 6시 사장』(마키노 마코토 저/홍영의 역/이가서/2016)

- 『읽고 생각하고 쓰다』(송숙희 저/교보문고/2011)

- 『사람들이 듣고 싶게 만드는 말하기의 기술』(쉬정 저/김정자 역/황금부엉이/2018)

- 『카테고리를 디자인하라』(김훈철, 김선식 공저/다산북스/2014)

4. 콘텐츠 제작자로 거듭나게 해줄 책

- 『배움을 돈으로 바꾸는 기술』(이노우에 히로유키 저/박연정 역/예문/2013)
- 『말이 무기다』(우메다 사토시 저/유나현 역/비즈니스북스/2017)
- 『전달력』(아오키 사토시 저/최선아 역/홍익출판사/2006)
- 『2라운드 인생을 위한 글쓰기 수업』(최옥정 저/푸른영토/2017)
- 『매일 아침 써 봤니?』(김민식 저/위즈덤하우스/2018)
- 『쓰기의 말들』(은유 저/유유/2016)
- 『워딩파워』(송숙희 저/다산라이프/2008)

5. 반드시 읽어야 할 마케팅 책

- 『마케팅 불변의 법칙』(알 리스, 잭 트라우트 공저/이수정 역/정지혜 감수/비즈니스맵/2008)
- 『작은 것이 큰 것을 뛰어넘는 마케팅 전략』(이와사키 구니히코 저/이용택 역/시그마북스/2013)
- 『덕테이프 마케팅』(존 잔스 저/오경석 역/비앤이북스/2008)
- 『카피캣 마케팅 101』(버크 헤지스 저/안보름 역/에스북/2017)

- 『잭 트라우트의 차별화 마케팅』(잭 트라우트, 스티브 리브킨 공저/
  이정은 역/더난출판사/2012)
- 『필립 코틀러 퍼스널 마케팅』(필립 코틀러 외 3인 공저/방영호 역/
  위너스북/2010)

6. 지치고 열정이 고갈됐을 때 읽어야 할 책

- 『인생 수업』(엘리자베스 퀴블러 로스 저/류시화 역/이레/2014)
- 『생활 속의 명상』(구본형 외 15인 공저/한문화/2008)
- 『최강의 인생』(데이브 아스프리 저/신솔잎 역/비즈니스북스/2019)
- 『익숙한 것과의 결별』(구본형 저/을유문화사/2007)
- 『새는 날아가면서 뒤돌아보지 않는다』(류시화 저/더숲/2017)

6장

방법 2: 사람

문제의
99퍼센트는
인간관계에서 옵니다

───── 인간관계를 잘 유지하기 위해서
반드시 갖춰야 하는 것 ─────

인생 2막에 필요한 세 가지 무기를 갖추는 두 번째 방법은 바로 '사람'입니다.

책은 그렇다 쳐도 사람이 어떻게 무기를 갖추는 방법이 될 수 있을까요? 생각해보면 간단한 문제입니다.

"문제의 99퍼센트는 인간관계에서 옵니다."

이는 한 사업가가 해준 말입니다. 사업가로서 수많은 사람을 만나고 또 여러 사건사고를 겪은 그는 인간관계만 잘 풀어가도 문제의 대부분은 해결된다고 주장합니다. 그분만이 아니라 많은 사람들이 '사람이 전부'라고 말합니다.

퇴직을 앞둔 중년층이라면 직장생활에서 잔뼈가 굵었을 것입니다. 그러니 직장에서의 문제 대부분이 인간관계에서 비롯됐다는 말에 많은 분들이 동의하시겠지요. 특히 중간관리자로서 일한 경험이 있다면 위아래로 치일 수밖에 없으니까요.

어느 사이트에서 직장인 1,206명을 대상으로 퇴사 사유를 조사한 결과, 1위부터 4위까지 중 3위 연봉(12%)을 제외하면 모두 인간관계와 관련이 있었습니다. 1위는 상사와 대표의 갑질(21%), 2위는 조직 분위기와 복리후생(13%), 4위는 동료 직원과의 관계(8%)가 차지했습니다. 복리후생은 그렇다 쳐도 조직 분위기는 결국 사람이 만드는 것이니, 이 또한 인간관계에서 온 문제라 볼 수 있겠지요.

제가 겪었던 문제들도 대부분은 사람과 관련된 것이었습니다. 그 중에서도 사업에 실패하고 빚더미에 빠져들게 된 이유는 크게 보면 두 가지였는데, 하나는 저의 미숙함이었고, 다른 하나는 사람 문제였지요. 저 자신의 무능함과 사람 문제가 뒤섞인 것이라 볼 수 있습니다. 좋게 보자면 비싼 수업료를 내고 인간관계의 본질을 배운 셈입니다. 바로 진심, 즉 진정성이야말로 인간관계의 핵심이라는 사실 말입니다.

진심이 없는 사람과의 관계는 100퍼센트 문제가 됩니다

"고객에게 진심으로 최선을 다할 자신이 없다면 결코 성공할 수 없습니다."

제가 마케팅 수업을 할 때마다 첫 시간과 마지막 시간에 가장 강조하는 것입니다. 물론 누군가에게 100퍼센트 진심으로만 대하기란 어렵습니다. 불가능에 가깝지요. 솔직히 저도 사람들에게 완벽히 진심으로 대한다고는 할 수 없고요.

하지만 최소한 그러기 위해 노력은 하고 있습니다. 그리고 이런 노력이 중요한 것입니다. 노력한다는 것 자체가 고객의 문제를 진심으로 해결해주고 싶어 한다는 것이겠지요. 앞서 말했듯 고객의 고민을 해결해야 성공을 거둘 수 있습니다.

그래서 저는 마지막 수업 시간에 진심을 강조한 후 질문을 하나 던집니다.

"당신의 고객에게 어떤 문제가 있는지 알고 있습니까?"

이때 "글쎄요, 잘 모르겠어요"라는 답이 가장 많이 나옵니다. 하지만 안 될 말이지요. 고객의 문제가 무엇인지조차 모른다는 것은 상대에 대한 진심이 없다는 의미입니다.

저는 이렇게 대답하는 사람들에게는 따끔한 질책이 되기를 바라는 마음에서 쓴소리를 하기도 합니다.

"그 고객이 당신의 사랑하는 자녀나 부모님이라 해도 그렇게 무관심하게 대하고 솔루션도 건성으로 제공할 건가요?"

사랑하는 가족에게 문제가 생기면 어떻게 될까요? 대부분은 말 그대로 기를 쓰고 이를 해결하려 들 것입니다.

저 역시 비슷한 경험이 있었습니다. 2011년, 어머니의 건강검진 결과, 유방암으로 발전할 수 있는 작은 혹이 발견됐습니다. 아버지를 혈액암으로 떠나보낸 저에게는 정말이지 청천벽력 같은 일이었지요. 아버지가 돌아가실 때와는 달리 노숙자도, 신용불량자도 아니었고, 빚도 많이 갚은 상황이긴 했지만, 여전히 어려운 때였으니 더욱 충격이었습니다.

그때 저는 알게 됐습니다. 가족과 관련한 일이면 누구나 자신의 한계를 넘는 능력을 발휘할 수 있다는 것을요. 이때부터 저는 수많은 책과 방송을 보고 강의와 세미나장을 찾아다니면서 유방암 예방과 치료에 좋은 음식을 비롯해 온갖 식이요법을 공부했습니다. 좀 과장하자면, 유방암에 있어서만큼은 거의 박사가 다 됐다고 할 정도지요. 그 덕분인지는 모르겠지만, 다행히도 어머니께서는 건강을 회복하셔서 지금도 건강하게 잘 지내십니다.

이게 바로 사랑하는 사람에게 보이는 태도입니다. 진심으로 그 사람의 문제를 해결해주고자 하는 것이지요. 물론 모든 사람에게 이렇게까지 진심을 담아 대할 수는 없겠지만, 그러기 위한 노력은 해야 한다는 말입니다. 그게 고객이 됐건 친구가 됐건 사업 파트너가 됐건 마찬가지입니다.

이런 의미에서, '부모님을 모시는 마지막 세대이자 자녀를 오롯이 책임지는 마지막 세대'라 불리는 4050세대야말로 사람을 대함에 있어 진정성을 발휘하기에 가장 적합하다고 봅니다. 부모님과 윗사람에 대한 공경, 동료와 친구에 대한 우정, 아랫사람을 대하는 너그러움까지 고루 갖출 수 있으니까요. 직장생활의 경험이 인생 2막을 새롭게 열어줄 거라는 반복된 주장은 모두 이런 근거에서 나온 말입니다.

인생 2막에는 인간관계의 질에 집중하세요

진심을 밑바탕에 두어야 한다는 것은 모든 인간관계에서 통하는 진리와도 같습니다. 하지만 그 외의 요소는 상황에 따라 조금씩 달라질 수도 있습니다. 예를 들어, 인생 2막을 준비하는 사람이라면 대학 시절과는 인간관계를 다르게 가져가야 한다는 것입니다.

부와 운을 최대치로 끌어올리는 인생 2막의 성공 법칙

젊은 시절, 특히 사회생활을 시작하기 전의 인간관계는 무척 순수하게 마련입니다. 대부분은 서로에게 무언가를 바라고 만나는 것이 아니지요. 이때는 대학의 과 친구들과 동아리 선후배뿐만 아니라 다른 학교와도 교류하면서 가능한 한 많은 사람을 만나는 것이 좋습니다.

하지만 인생 2막에서는 달라져야 합니다. 많은 사람을 만나기보다는 좁고 깊은 인간관계에 집중하는 편이 좋습니다. 관계의 '양'보다 '질'이 중요한 시기라 할 수 있지요.

이유는 간단합니다. 삶이 길었던 만큼 이미 상대적으로 많은 인간관계를 맺어둔 상태이니 추가로 더 많은 사람을 만나는 데 주력하는 것은 무의미합니다. 또한, 인생 2막을 준비하는 데는 상당한 노력과 시간이 필요합니다. 사람들을 만나러 다니느라 시간을 다 빼앗겨서는 안 되겠죠?

마지막으로, 이 시기에 접근해오는 사람들은 무언가 원하는 것이 있기 때문일 가능성이 높습니다. 그러니 무턱대고 많은 사람을 만나다 보면 그중에는 나를 이용하거나 심지어 사기를 치려는 사람이 포함되어 있을지도 모릅니다. 그러니 사람들을 선별해서 만날 필요성이 더욱 커지는 것이지요.

이렇게 선별해서 만난 사람들과는 윈-윈이 가능한 경우가 많습니다. 아니, 그런 사람을 위주로 만나야 한다는 게 더 진실에 가깝지요. 쉽게 말해, 이제 '친구'를 사귀는 것보다 '인맥'을 관리해야 할 시기라는 의미입니다.

보통 인맥이라고 하면 안 좋은 인식을 갖는 경우가 많습니다. 시쳇말로 "우리가 남이가" 식의 혈연, 학연, 지연 등을 떠올리기 때문입니다.

하지만 좋게 보면 서로가 이끌고 밀어줄 수 있는 관계라고 볼 수도 있습니다. 우리가 지금부터 쌓고 관리해나가야 할 인맥도 이런 의미지요. 그리고 좋은 인맥은 지렛대가 되어 성공을 10배, 100배 더 앞당기기도 합니다.

공업고등학교를 졸업한 후 건축사무소에서 일을 하다가 공인중개사 자격증을 딴 후배가 있습니다. 이후 몇 년간 공인중개 사무소에 취업해 일을 했지요. 그런데 그 과정에서 알게 된 고객 하나가 이 후배를 눈여겨봤고, 과감하게 10억 원을 투자하기로 결심했다고 합니다. 건축사무소에서 일한 경험과 공인중개사 사무실에서의 경력까지 있으니 소형 빌라를 지어 분양하는 신축사업을 함께하기에 적합하다 여긴 것이지요. 그게 10여 년 전이었는데, 지금 이 후배는 자산이 약 50억 원에 이릅니다.

바로 이것이 제가 말한 서로에게 지렛대가 되어주는 인맥의 힘이자 윈-윈 관계입니다. 후배는 자신의 지식과 노하우를, 투자자는 자금을 제공함으로써 서로에게 지렛대가 되어준 것입니다. 그 결과 후배는 물론이고 투자자도 상당한 돈을 벌게 됐습니다.

이렇듯 인맥이란 제대로 활용하면 나쁜 게 아닙니다. 항상 그렇듯 이를 잘못 이해하고 잘못 사용하는 사람들이 문제지요.

찾아가지 말고
찾아오게 하세요

인간관계에 있어 또 하나 중요한 것을 짚고 넘어가고 싶습니다. 바로, 인맥을 '찾아가지' 말고 인맥이 '찾아오게' 하라는 것입니다.

제 주위에는 대학교 사회교육원에 다니는 사람이 적잖이 있습니다. 거의 각 대학교 사회교육원마다 한두 명쯤은 아는 사람이 있는 게 아닌가 싶을 정도로 많습니다. 그런데 그들의 말을 들어보면 대부분은 공부를 하려는 게 아니라 인맥을 쌓기 위해 다닌다고 합니다.

하지만 이런 식으로 쌓은 인맥은 모래로 쌓은 성처럼 허망하게 사라지기 일쑤입니다. 왜냐하면 인맥이 제대로 형성되고 이어지려면 서로 힘의 균형이 맞아야 하는데 이렇게 쌓은 인맥은 그렇지 않은 경우가 많기 때문입니다. 즉, 서로 생산적인 관계여야 하는데 대부분은 한쪽이 일방적으로 다른 쪽에게서 무언가를 얻어가려는 경우가 많다는 의미입니다. 세상에 누구도 다른 사람에게 아낌없이 주는 나무가 되기를 원하지 않습니다.

만약 제대로 인맥을 쌓고 싶다면, 나를 널리 알려서 서로 윈-윈을 할 수 있는 인맥이 찾아오게 만드는 것이 가장 좋습니다. 방법은 지금껏 1인 지식기업가로서 해야 한다고 강조해왔던 '나의 지식과 노하우를 온·오프라인에 출력'하는 것입니다. 여기서 '출력'이란, 머릿속에 있던 지식과 노하우를 다른 형태로 만들어내는 행위를 뜻합니다. 예를 들어 블로그나 SNS에 글을 쓸 수도, 책을 내거나 강의를 할 수도 있겠지요.

실제로 제게 블로그 마케팅 수업을 들은 인테리어 사업가는 이런 방법으로 좋은 인맥이 직접 찾아오게 했습니다. 배운 대로 블로그에 자신이 일해 온 자료들을 올렸는데, 우연히 이를 본 사람들이 찾아오게 되면서 사업이 말 그대로 '대박'을 친 것이지요. 불과 5년도 지나지 않은 지금, 일산의 반지하 방에서 살던 그분은 서울 아파트에 살고 있고, 교대역 근처에 사무실을 가지고 있으며, 자산이 못해도 30억 원은 되는 것으로 추정됩니다.

이처럼 자신만의 지식과 노하우를 콘텐츠로 만들어 온·오프라인에 출력하게 되면 이를 알아본 좋은 인맥들이 찾아오게 되어 있습니다. 단, 이에 앞서 자신의 가치를 최대한 높일 필요가 있겠지요. 행복한 인생 2막을 꿈꾼다면, 소수라 해도 서로 도움이 되는 생산적인 인맥이 이렇게 직접 찾아오게 만드는 데 주력해보세요.

중년, 사기꾼을
조심해야 하는 시기

    특히 4050 은퇴자가 인간관계에서 중요하게 생각해야 할 부분 중 하나가 바로 사기꾼을 조심해야 한다는 것입니다. 대학생이나 사회 초년생일 때는 사기를 당한다 해도 어차피 가진 돈 자체가 적기에 피해도 미비할 가능성이 높습니다. 반면 퇴직금이라는 목돈을 가진, 어쩌면 집도 한 채 보유하고 있을지도 모르는 은퇴자라면 사기를 당했을 때 그 액수부터가 달라집니다. 가족들의 생계까지 걸려 있으니 더욱 치명적이고, 절박한 상황이기 때문에 유혹에 더 쉽게 넘어갈 수 있다는 위험도 있지요.

    이런 목적으로 접근하는 사람을 완벽히 걸러내기란 사실상 불가능할지도 모릅니다. 그런 사람들을 많이 접해봤거나 지켜본 경험이 있어야 걸러낼 가능성도 높지만, 그렇다고 경험을 쌓겠답시고 사기꾼들을 만나볼 수도 없는 노릇이니까요.

    하지만 사기꾼일 가능성이 상대적으로 높은 사람들은 어느 정도 판별해낼 수 있습니다.

    우선 가능하다면 상대방의 이력을 받아보세요. 만약 이를 거부한다면 의심해볼 여지가 충분합니다. 가명을 쓰고 있는 사람이라면 그럴 가능성이 더욱 농후해지지요.

    블로그나 SNS 등에 검색했는데 아무런 활동도 나오지 않는다면 이 또한 의심해볼 만합니다. 물론 연령대가 높은 분들 중에는 온라인에서의 활동을 아예 하지 않는 분들도 적잖이 있으니 확신할 수는 없지만, 의심해볼 여지는 충분하다는 것입니다. 50대 이상의 연령대도 카카오톡이나 밴드 등의 사용 빈도는 매우 높다는 것이 실제로 밝혀졌고, SNS를 이용하는 사람도 점점 늘고 있는 추세입니다. 그런데 그중 단 하나도 하지 않고 있다면 뭔가 켕기는 것이 있는 건지도 모르니 조심해야 합니다.

만약 상대가 블로그, SNS 등을 하고 있다면 귀찮더라도 꼼꼼히 살펴보시기 바랍니다. 개중에는 최근 몇 개월에서 1년 정도의 자료만 그럴싸하게 올라와 있는 경우도 있는데, 이때 조심해야 합니다. 마치 수십 년간 전문가로서 인정받아 온 것처럼 말했던 사람이 블로그를 보니까 최근 1년에만 무슨 상을 여러 차례 수상했다거나 수백 명을 모아놓고 수차례 강의했다면 의심해볼 만하지요.

한 가지 팁을 더 드리자면, 말만 들으면 잘나가는 사람인 것 같은데 실체가 잘 보이지 않는다면 이건 거의 확실히 사기꾼입니다. 사기꾼이 아니더라도 뭔가 꿍꿍이가 있을 가능성이 높지요.

제게 사업을 제안하겠다고 찾아온 사람이 있었습니다. 그런데 뭘 묻기도 전에 계속 자기가 누구와 얼마짜리 사업을 했고 어디에서 얼마를 벌었고, 이런 자랑만을 늘어놓더군요. 그리고 식사를 하자며 횟집으로 갔는데, 주방장이 계속 그에게 '회장님'이라고 부르며 "이게 회장님을 위해 특별히 준비한 150만 원짜리 참치회입니다"

이런 말을 하는 겁니다. 사실 여기서부터 이미 뭔가 감이 좋지 않았지만, 그래도 좀 더 지켜보기로 했습니다. 그런데 그렇게 잘나가는 사업가라는 사람이 제안한 내용을 보면 자금은 거의 다 제가 내야 하는 상황이더군요. 더구나 인터넷에 아무리 검색을 해보고 명함에 나온 회사 이름으로 알아봐도 실체가 전혀 드러나질 않았습니다. 그가 사기꾼인지 아닌지는 지금도 알지 못합니다. 연락을 끊었으니까요. 어쩌면 정말 잘나가는 사업가였을지도 모르고 같이했다면 저도 돈을 좀 더 벌었을지도 모르지요. 하지만 그 가능성이란 극히 희박한 데다 정말로 사기꾼이었다면 제가 입었을 타격은 상당했을 겁니다.

평생 직장생활만 하다가 은퇴를 눈앞에 두고 계신가요? 무엇을 해야 할지 막막하세요? 누군가 쉽고 편한 길, 내가 별것 하지 않아도 큰돈을 벌 수 있는 방법을 알려줬으면 싶으신가요?

이럴 때일수록 정신을 똑바로 차려야 합니다. 세상에 쉽고 편하게 큰돈을 벌 수 있는 방법 따위는 없습니다. 그런 방법이 있다고 찾아오는 사람이 있다면 그때야말로 경각심과 경계심을 일깨워야 할 때입니다. 명심하세요. 당신의 인생 2막에는 당신만이 아니라 가족의 미래도 걸려 있습니다. 한순간의 허영심으로 당신과 가족의 미래를 송두리째 저당 잡히고 싶지 않다면, 적극적으로 먼저 다가오는 사람을 경계해야 합니다.

더 나은 나를 원한다면
롤모델을 찾아보세요

다른 사람으로부터 무언가를 배우고 싶다면 우선 내가 원하는 미래의 나는 어떤 사람인가를 명확히 그려봐야 합니다. 그래야만 그 이상의 삶을 살고 있는, 롤모델이 될 만한 사람들을 찾아낼 수 있지요. 앞서 '인맥이 나를 찾아오게 해야 한다'고 한 것과 달리 롤모델은 직접 찾아 나서기를 권합니다. 왜냐하면 누군가의 롤모델은 다른 사람들에게도 영감을 주는 사람인 경우가 많기 때문이지요.

그렇다면, 이런 사람들을 어떻게 만날 수 있을까요? 여기에는 크게 세 가지 방법이 있습니다.

첫째, 관심 있는 분야에서 성공한 사람들의 책을 찾아서 읽습니다. 만약 사업을 하고 싶다면 성공한 사업가들의 책을 찾아보세요. 저자들 중에는 분명 나의 롤모델이 되어줄 사람이 있을 것입니다.

둘째, 세미나 또는 강연장에 찾아가세요. 읽었던 책의 저자가 하는 강연이나 세미나라면 더욱 좋습니다. 물론 직접 만나지 않더라도, 독서 하나만으로도 좋은 영향을 받을 수 있지만, 아무래도 직접 만나서 이야기를 나누다 보면 더 좋은 기운을 이어받을 수 있으니까요. 또 압니까? 그러다가 마음이 잘 맞아서 정말 자주 만나는 사이가 될 수도 있지요.

셋째, 내가 원하는 삶을 이미 살고 있거나 나와 같은 꿈을 가진

부와 운을 최대치로 끌어올리는 인생 2막의 성공 법칙

사람들의 모임에 참석하세요. 모임이란 본래 좋은 에너지를 가진 사람들이 모여 있는 곳입니다. 그러니 나의 롤모델이 되어줄 사람을 만날 가능성도 높고, 그러지 못하더라도 나와 같은 뜻을 가진 사람들을 만남으로써 긍정적인 에너지를 받을 수 있습니다.

당신이 꿈꾸는 미래는 어떤 모습인가요? 원하는 삶이 명확히 그려졌다면 그런 삶을 살고 있는 사람들을 찾아보세요. 인터넷에 검색을 하건 책을 읽건 세미나와 모임에 참석하건, 너무 어렵지 않고 당장 실행할 수 있는 방법을 통해 내가 닮고 싶은 사람들을 자주 접하고 만나야 합니다. 그럴 수만 있다면, 당신도 모르는 사이에 미래는 당신이 원하던 모습 그대로 흘러가고 있을 겁니다.

인생 2막의 등대가 되어줄 롤모델을 찾는 세 가지 방법

- 첫째, 관심 있는 분야에서 성공한 사람들의 책을 찾아서 읽는다.

- 둘째, 읽은 책의 강연이나 세미나에 참석하여 저자(강사)를 직접 만난다.

- 셋째, 이미 내가 원하는 삶을 살고 있거나, 나와 같은 꿈을 가진 사람들이 모인 모임에 참석한다.

다섯 가지 욕구만 알아도
성공에 가까워집니다

인간의 선택은 다섯 가지 기본 욕구와 관련이 있습니다

———

미국의 저명한 심리학자인 윌리엄 글래서William Glasser의 '선택이론Choice Theory'이라는 것이 있습니다. 간략하게 정의하자면 태어나서 죽을 때까지, 모든 인간은 자신의 기본적 욕구들을 충족시키기 위해 스스로 '선택'을 한다는 이론입니다.

이를 바탕으로 글래서 박사는 인간에게 다섯 가지 욕구가 있고, 인간의 모든 선택은 이를 바탕으로 한다고 주장했습니다. 다섯 가지 욕구란 다음과 같습니다.

생존 욕구, 소속 욕구, 권력 욕구, 자유 욕구, 즐거움 욕구

투자를 할 때도, 사업을 할 때도, 1인 지식기업가나 유튜버로 활동할 때도 이 다섯 가지 욕구를 잘 알고 활용한다면 성공을 거둘 수 있습니다. 지금부터 현실에서 각각의 욕구가 어떻게 성공과 연결되는지 살펴보겠습니다.

1. 노후 및 은퇴 준비의 수요와 직결되는 생존 욕구

생존 욕구는 쉽게 말해 건강하고 안전하게 오래 살고 싶은 욕구라 할 수 있습니다. 따라서 이와 관련된 일들은 기본적으로 수요가 끊임없이 있을 수밖에 없습니다.

이 책도 인생 2막을 더 안전하고 편안하게 살아가고 싶은 사람들이 보고 있을 겁니다. 이 또한 생존 욕구를 자극한 셈이지요. 더구나 은퇴 시점은 점점 빨라지고 수명은 늘어나고 있는 상황에서 은퇴 및 노후 준비를 돕는 사업과 직업이라면 수요도 계속해서 상승할 가능성이 높습니다. 비슷하게는 취업을 돕는 것도 여기에 포함될 수 있겠지요. 좀 더 직관적으로는 병원이나 약국은 물론 건강 관련 사업, 보안 관련 사업 등이 바로 이런 생존 욕구를 충족시켜주는 일입니다.

2. 컨설팅 수요와 직결되는 소속 욕구

소속 욕구는 어떤 조직 또는 모임에 소속되고 싶어 하는 것으로, '매슬로의 5단계 욕구 이론' 중 소속과 애정의 욕구와도 일맥상통합니다. 우리가 좋은 대학교, 좋은 직장을 원하는 것 역시 이런 소속 욕구의 발현이라 할 수 있습니다. 또는 자신이 살고 있는 지역에 소속감을 느끼기도 합니다. 강남에 사는 사람들은 자신이 강남에 산다는 사실에 뿌듯해한다고 하는데, 이 역시 소속 욕구로 설명이 가능한 셈이지요. 실제로 강남권에 입주할 수 있도록 돕는 사람도 있다고 합니다. 그만큼 어딘가에 소속되는 것 자체가 사람들에게는 의미가 있고, 이를 충족시켜주는 사업은 돈이 된다는 의미기도 하지요.

사람들의 소속 욕구를 채워주는 사업으로는 입시 또는 자격증 학원, 취업 컨설턴트 등이 대표적이라 할 수 있습니다.

3. 입시 학원의 주요 고객을 만드는 권력 욕구

권력 욕구는 이름에 드러난 그대로 지위에 대한 욕구, 타인에게 인정받고 싶은 욕구로, 어찌 보면 명예욕이라 할 수도 있습니다. 조직 내에서 승진하고 싶어 하는 것도, 정치인들이 한번 권력의 맛을 보면 이를 지켜내기 위해 혈안이 되는 것도 모두 권력 욕구 때문이지요. 판사나 검사가 사람들에게 선망의 대상이 되는 이유 또한 비슷하다고 할 수 있습니다. 아예 모르고 넘어간다면 모를까, 한번 충족되면 그 만족도가 매우 높은 욕구라 할 수 있습니다.

이를 충족시켜줄 만한 사업이라면 로스쿨 입시 전문 학원이 가장 직관적으로 떠오릅니다. 또한 헤드헌터는 지금 있는 회사에서보다 자신을 더 인정해주는 곳으로 이직을 원하는 사람들에게 딱 맞는 회사를 찾아줌으로써 이런 욕구를 충족시켜준다고 할 수 있습니다.

4. 시간 문제와 돈 문제 해결과 밀접한 자유 욕구

인간의 기본적인 욕구, 그 네 번째는 자유 욕구입니다. 쉽게 말해 타인에게 구속받고 싶지 않다는 욕구이지요. 중요한 것은, 여기서 말하는 '자유'에는 물리적 자유만이 아니라 시간적 자유와 경제적 자유도 포함된다는 것입니다. '조물주 위의 건물주'라는 다소 풍자적인 말에도 드러나듯 많은 사람이 건물주를 꿈꾸는 것 또한 시간적 · 경제적 자유에 대한 욕구 때문입니다.

하지만 시간적 자유와 경제적 자유 중 어느 하나를 위해 다른 것을 포기한다면 기본적으로 자유 욕구는 충족되지 않은 셈입니다.

제가 아는 분 중 식당을 네 개나 운영하는 분이 있습니다. 이분은 식당이 매우 잘되는 상황이라 경제적으로는 매우 풍족한 삶을 살고 있지만, 혼자 네 군데를 다 관리하다 보니 1년 365일 거의 쉬지를 못합니다. 경제적 자유를 위해 시간적 자유를 포기한 셈이지요. 그래서인지 이분은 돈을 많이 벌고 있음에도 전혀 행복해 보이지가 않습니다. 반면 건물주는 경제적 자유는 기본이고 시간적 자유 역시 누릴 수 있다는 점에서 선망의 대상이 되는 것입니다. 물론 건물주라 해도 건물을 관리해야 하니 신경 쓸 일이 생각보다 많지만, 직장인이나 개인사업자보다는 상대적으로 훨씬 많은 시간적 자유를 누릴 수 있지요.

1인 지식기업가 또한 자유 욕구에 대한 만족도가 높은 편입니다. 명령을 내리는 사람이 없으니 일하는 시간과 장소를 내가 정할 수 있고, 전문성만 인정받으면 일주일에 두 시간 강의하는 것만으로도 월 수백만 원을 벌기도 하니까요.

고객 입장에서 생각을 해보자면, 저와 같은 부동산 투자 컨설턴트는 이 자유 욕구를 충족시켜주는 일을 하고 있는 것입니다. 고객들이 수익형 부동산 투자를 통해 안정적인 현금흐름을 만들 수 있게 해주는 것이니 그들에게 저는 시간적 자유와 경제적 자유를 모두 충족시켜주는 사람이라 할 수 있지요. 이처럼 고객의 자유 욕구를 충족시켜줄 수 있다면 그들은 기꺼이 지갑을 열 것입니다.

5. 엔터테인먼트와 레저를 즐기는 즐거움 욕구

사람은 절망적인 상황에서도 기쁨과 즐거움을 찾게 마련입니다. 인간을 뜻하는 여러 용어 가운데 '호모루덴스Homo Ludens'라는 것이 있는데, 이는 '유희하는 인간'이라는 뜻입니다. 그만큼 즐거움 욕구는 매우 강력한 것이지요.

유튜브를 보다 보면 "왜 이런 영상이 그렇게 인기가 많지?"라고 되묻게 되는 경우가 있습니다. 아무 의미도 없어 보이는 행위를 찍어서 올렸을 뿐인데 조회 수가 수백만을 넘어서고, 그 영상을 올린 유튜버는 수십만 구독자를 가진 경우도 많지요. 사실 이런 영상들은 기본적으로는 즐거움 욕구를 충족시켜주는 사례라 할 수 있습니다.

이런 사업에는 최근 성행하고 있는 게임과 엔터테인먼트, 레저 산업부터 소소한 취미생활 관련 강의나 작은 공방 등이 포함됩니다. 또는 그 '끝판왕'이라 할 수 있는 유튜버가 최근

에는 점점 각광을 받고 있지요. 만약 이들 중 하나라도 시작해

볼 수 있다면 성공에 한층 가까워질 것입니다.

3부

퇴직 전 직장인을 위한
가장 현실적인 5단계 자립 솔루션

3년만 투자하면
평생 돈 걱정이
사라지는
인생 2막 부자 로드맵

인생 2막에 다시 시작하는 부자 수업

마흔 이후,
직장에서 '버티기' 하지 말고 '준비'하세요

충성은 회사가 아니라 나 자신과 가족에게 바치세요

우리나라의 평균 수명은 2017년 기준 82.7세입니다. 증가 추세를 감안하면 지금 은퇴를 눈앞에 둔 4050세대는 은퇴 이후로도 40년 이상을 더 살아야 합니다. 그런데도 내담자들 중 은퇴 준비가 되어 있는 분은 많지 않아 답답함을 느끼곤 합니다.

이분들의 문제는 뭘까요? 열심히 살지 않았던 걸까요? 아닙니다. 오히려 박수를 쳐드리고 싶을 만큼 열심히 살아온 분들이 많습니다. 그리고 열심히 살았다는 것은 당연히 문제가 되지 않습니다. 다만 자기 자신이나 가족이 아닌 '회사'를 위해 열심히 살았다는 것이 진짜 문제라 할 수 있지요.

하지만 익히 알고 있듯이 회사가 우리의 미래를 책임져 주지는 않습니다. 심지어 한 분야의 손꼽히는 전문가로 인정받는 사람이라 해도 언제 회사에서 퇴사 통보를 받게 될지 알 수 없는 것이 현실입니다. 그리고 오히려 안정성을 믿고 한 직장에서 오래 머물러 있는 분들이야말로 미래에 더 큰 타격을 받을 수도 있습니다. 언젠가 자의든 타의든 회사를 떠날 수 있다는 가능성을 거의 염두에 두지 않기 때문입니다.

내담자 중 40대 후반 염색 전문가였던 분이 있습니다. 자신이 일하던 안산 일대에서는 손에 꼽히는 기술자였지요.

제게 보낸 상담 요청 메일에는 절절한 심정과 사연이 모두 담겨 있었습니다. 능력에 대한 자부심 때문인지 앞으로 10년은 끄떡없이 회사를 다닐 수 있을 거라 믿었는데, 어느 날 갑자기 회사의 사장이 바뀌면서 조직개편이 있었다고 합니다. 그리고 나이와 높은 연봉이 걸림돌이었던 이분은 '1년 시간을 줄 테니 정리하고 나가라'는 통보를 받게 됐지요. 경험해본 사람은 알겠지만, 아무리 능력이 뛰어나다 해도 40대 후반은 취업이 쉽지 않습니다. 이분 역시 마찬가지였지요.

다른 일을 해보고 싶었으나 할 줄 아는 일도 없고, 자산이라고는 당시 거주 중이었던 안산의 4억 원가량의 아파트와 1억 원 정도의 빌라에 불과했습니다. 그 와중에 고등학생인 아들 둘까지 있는 터라 곧 대학 등록금도 필요할 테니 걱정이 이만 저만이 아니었지요.

이 이야기에서 우리는 경각심을 느껴야 합니다. 분야에서 인정받는 전문가조차 이런 불의의 상황에서 자유롭지 못한 마당에 만약 내가 맡은 일이 쉽게 대체 가능한 것이라면 내일 당장 회사에서 쫓겨날 수도 있는 법이니까요. 냉정히 말해, 자본주의사회에서는 기업이 직원을 하나의 부품이나 소모품처럼 대하는 경우도 허다하다는 점을 잊지 말아야 합니다.

마흔 이후, 인생의 3중 안전장치를 마련하세요

마흔이 훌쩍 넘은 나이, 3년 안에 은퇴해야 하는 상황, 모아둔 돈이라고는 아파트 한 채와 낡은 자동차 한 대, 결혼은커녕 대학도 졸업하지 못한 자녀들……. 생각만 해도 갑갑하신 가요? 하지만 이런 상황에 있으면서도 은퇴 이후의 삶에 대해 불안해하지 않는 사람들도 있습니다. 바로 '인생의 3중 안전장치' 중 최소한 하나 이상을 마련한 사람이지요. 인생의 3중 안전장치란 다음과 같은 것을 말합니다.

- **수익형 부동산을 통한 불로소득**
- **평생직업 또는 1인 지식기업가**
- **콘텐츠 생산자**

다시 말해, 다달이 안정적인 현금이 들어오는 수익형 부동산을 마련하고, 회사에 소속되지 않아도 평생 일할 수 있는 자격증을 갖추는 것 혹은 1인 지식기업가가 되어 '일하지 않아도 돈이 벌리는' 콘텐츠 생산자(유튜버 등)가 되는 것이지요. 제가 운영 중인 단희캠퍼스에서는 여기에 '플랫폼'과 '선한 영향력'이라는 두 가지를 더한 '5중 안전장치 마련'을 목표로 하지만, 직장을 다니는 동안 준비할 수 있는 현실적인 준비는 그중 3단계라 할 수 있는 3중 안전장치입니다.

앞서 예를 들었던, 염색 전문가였던 내담자의 경우 그 이후의 이야기가 사실 더 중요하고 흥미롭습니다.

이분과 상담을 진행한 결과, 저는 세 가지에서 가능성을 봤습니다. 첫째, 고객이 보유한 5억 원가량의 부동산. 둘째, 은퇴까지 남은 1년이라는 시간. 셋째, 고객의 열정과 성실함. 이 세 가지면 3중 안전장치를 마련하기에 충분하다는 판단이 섰지요.

그분은 저와의 상담 내용을 바탕으로 남은 1년의 직장생활 동안 착실하게 준비했습니다. 우선 가지고 있던 빌라와 거주 중이던 아파트를 정리하고 방 두 칸짜리 저렴한 집을 구해 월세로 들어갔습니다. 본래 살던 집도, 투자한 빌라도 모두 집값이 거의 오르지 않아 매매차익이 미미하다 보니 양도소득세도 거의 들지 않았고, 5억 원을 고스란히 확보할 수 있었습니다. 이 돈으로 구리시에 도시형 생활주택, 즉 원룸 건물을 신축했습니다. 8개월 정도의 시간이 지나 완공이 되고 계획대로 입주자가 생기면, 1층에 거주하면서 임대소득으로 살아갈 여건이 마련된 것이지요.

하지만 그것만 바라보고 있기에는 세상이 너무도 불확실했기에 이분은 저의 제안에 따라 그 기간에 공인중개사 자격증을 준비했습니다. 저는 직장에 다니면서 3년을 준비해서 겨우 딴 자격증을 절박함 때문인지 1년 만에 딸 수 있었지요.

1년이 지나 회사에서 나오게 됐을 때, 이분은 제 소개로 한 공인중개사 사무실에 들어가 약 6개월간 경험을 쌓았습니다. 그렇게 6개월이 지난 후에는 자신의 원룸 건물 입주자들이 낸 보증금으로 공인중개사 사무실을 개업했지요. 워낙 열정적인 분이라 초반에 약간 도움을 드린 것만으로도 1년쯤 지나자 월

평균 300만 원가량을 공인중개업으로 벌어들이기 시작했습니다. 완공된 부동산 월세 수익도 300만 원을 조금 넘으니, 지금은 월 600만 원의 수입이 생긴 셈입니다. 덕분에 두 아들이 대학교에 입학했음에도 큰 무리 없이 살아가게 됐지요.

정리해보면, 아파트와 빌라를 팔고 주거비를 줄여 마련한 목돈으로 수익형 부동산에 투자했고, 1년여의 공부를 통해 공인중개사라는 평생 직업을 구한 것입니다. 그리고 이런 경험을 바탕으로 지금은 부동산 관련 유튜브를 시작하기 위해 준비 중입니다. 이 정도의 열정과 실행력이라면 초반에 약간의 도움만 드려도 충분히 성공할 것이라 믿어 의심치 않습니다.

물론 이분은 상황이 좀 나은 편이었다고 할 수도 있습니다. 5억 원에 이르는 부동산 자산과 1년의 유예 기간이 있었으니까요. 하지만 이분 역시 절망적인 상황이었다고 볼 수도 있습니다. 내담자들 중에도 이분보다 훨씬 상황이 좋은데도 불구하고 지레 겁먹고 포기하는 분이 훨씬 많은 걸 보면 말입니다.

게다가 더 열악한 환경에서도 끝내 경제적 · 시간적으로 자유로운 인생 2막을 맞이한 사람을 그동안 수없이 봐왔습니다. 그 방법에는 여러 가지가 있겠지만, 평범한 4050 은퇴자가 택할 수 있는 가장 안정적이고 확실한 길은 '5단계 로드맵'을 따르는 것입니다. 저는 이를 '행복 재테크 5단계'라 부릅니다.

- **1단계, 내공 재테크**
- **2단계, 부동산 재테크**
- **3단계, 플랜B 재테크**
- **4단계, 플랫폼 재테크**
- **5단계, 선한 영향력 재테크**

이 5단계를 위한 핵심 방법 역시 독서와 강의입니다. 독서에 대해서는 앞에서도 충분히 설명했으니 반복을 피하기 위해 이는 생략하겠습니다. 대신 각 단계의 목적과 유의사항, 갖춰야 할 필수 무기들에 대해 설명할 테니 잘 봐두셨다가 더도 말고 덜도 말고 은퇴 전후로 딱 3년만 투자해보시기 바랍니다. 제대로 실천하기만 한다면 돈 걱정 없는 인생 2막이 열릴 거라 약속합니다.

1단계: 내공 재테크

나를
신뢰하는
힘

수많은 담금질이
'이겨내는 힘'을 만듭니다

인생 2막을 위한 5단계 재테크의 첫 번째 단계는 바로 '내공 재테크'입니다. 재테크라고 하면 주식이나 부동산 투자 등을 떠올리기 쉬운데, 내공 재테크는 좀 다릅니다. 내공, 즉 시련과 실패를 이겨내는 힘을 키우는 것이지요. 그래야만 이후의 2~5단계를 밟아나가는 과정, 그리고 삶에서 만나게 될 시련과 실패에 좌절하지 않을 수 있습니다. 이를테면 담금질을 하는 과정입니다. 담금질을 착실하게, 여러 번 거칠수록 쇠가 더 단단해지듯이 내공을 탄탄히 다질수

퇴직 전 직장인을 위한 가장 현실적인 5단계 자립 솔루션

록 더 빨리, 더 확실하게 경제적 자유를 이룰 힘이 생깁니다.

    사실 내공 재테크는 누구나, 어떤 삶을 살고 있건, 지금 당장 쌓아나갈 수 있습니다. 더 정확히는 이미 우리의 삶은 이런 내공을 쌓는 경험들로 채워져왔고, 채워지고 있으며, 앞으로도 그렇게 될 것입니다. 누구나 살아오는 동안 여러 실패와 시련, 성공의 경험이 있었을 것이고, 겪고 있을 것이며, 계속해서 겪게 될 테니까요.

    단, 이런 경험이 100퍼센트 내공으로 전환되지는 않습니다. '이 시련을 내공 쌓는 기회로 삼겠다'고 마음먹지 않는 이상 대부분의 시련은 그저 잊고 싶은 기억이 되어 사라지게 마련이지요. 실제로 실패와 시련은 대부분 떠올리기도 싫은 기억에 지나지 않았을 겁니다. 이는 실패를 실패 그 자체로, 시련을 '운이 없어 겪게 된 불행한 경험'으로만 여기기 때문입니다.

    하지만 아무리 뛰어난 선생도 배우려 하지 않는 사람을 가르칠 수는 없는 만큼, 4050세대라면 특히 실패를 그냥 흘려보내서는 안 됩니다. 우리에게 있어 2030세대보다 부족한 것은 체력도, 머리도 아닌 시간이기 때문입니다. 앞서 중년의 뇌가 오히려 젊은 사람들보다 뛰어난 점이 있다는 것도, 체력은 관리하기에 따라 달라질 수 있다는 것도 이야기한 바 있습니다. 하지만 시간만큼은 그렇지 않습니다. 억만금을 줘도 살 수 없기에 우리가 아껴야 할 가장 큰 자산인 셈이지요. 그러니 다가올 실패 경험과 성공 경험 하나하나가

소중한 자산임을 인식해야 합니다.

그렇다면 실패를 자산화하는 방법에는 어떤 것이 있을까요?

첫째, 모든 실패는 기본적으로 '내 책임'임을 명심해야 합니다. 실패 앞에서 남 탓으로 돌리고 싶은 것은 인간의 본능입니다. 하지만 외부보다는 자신에게서 실패의 원인을 찾고 스스로 책임진다는 마음이 있어야 합니다. 실패를 내 잘못으로 받아들이는 책임감이 실패를 자산화하는 첫 단계입니다.

둘째, 처음 시작했을 때로 돌아가 차근차근 되짚어봐야 합니다. 이때 최대한 객관적으로 살피면서 내가 무엇을 잘못했는지를 파악하는 데 집중하는 것이 중요하지요. 가능하면 노트를 펼쳐서 왼쪽에 나의 잘못과 실수들을 정리해보기를 추천합니다.

셋째, 개선 방안들을 정리합니다. 이때는 위에서 적은 각 잘못과 실수 옆에 대안을 적는 것이 좋습니다. 그래야 잘못과 개선점을 바로 연결시킬 수 있으니까요. 물론 이렇게 개선점을 찾았다면 다음에는 같은 잘못을 저지르지 않도록 삶에 적용해야겠지요.

제 경우, 30대 초중반에 시작했던 첫 사업의 실패 경험이 현재 사업의 발판이 되었습니다. 의욕만 가득했던 30대 시절의 잘못들을 하나하나 돌이켜보고 40대 중반부터 시작한 사업에서는 같은 잘못을 저지르지 않기 위해 노력하는 것이지요.

제가 파악한 첫 사업의 실패 원인은 크게 세 가지였습니다. 첫째, 사업 역량 부족. 둘째, 해당 분야에 대한 무지. 셋째, 사람을 너무 쉽게 믿은 어리석음.

사업 역량을 키우고자 책과 강의를 통해 경영과 마케팅을 공부했습니다. 그리고 공인중개사 자격증을 활용해 부동산 중개업계에서 몇 년간 일하면서 쌓은 지식을 가지고 그 분야의 사업을 시작했지요. 또한, 동업 또는 투자를 하겠다는 제안을 많이 받았음에도 혼자 일하고 있습니다. 인간적으로 좋은 사람이 사업에서도 꼭 좋은 파트너라는 보장은 없기에, 감당이 가능한 선에서는 혼자 할 생각입니다.

이렇듯 이전의 실패를 자산화하는 경험은 탄탄한 내공이 되어 그 어떤 어려움도 이겨낼 수 있다는 자신감의 발판이 됩니다. 나아가 같은 실패를 되풀이하지 않게 되기에 그만큼 성공 가능성을 높일 수 있을 것입니다.

인생의 실패를 자산으로 만드는 세 가지 방법
- 첫째, 모든 실패는 기본적으로 '내 책임'임을 명심한다.
- 둘째, 실패하기 전으로 돌아가 잘못을 객관적으로 되짚어본다.
- 셋째, 개선 방안을 정리하고 삶에 적용한다.

1단계 내공 재테크를 통해 반드시 갖춰야 할 다섯 가지 역량

내공 재테크의 목적은 크게 두 가지라고 말씀드렸습니다.

첫째, 2~5단계를 더 쉽게, 더 빨리, 더 수월하게 이뤄내기 위해

둘째, 앞으로의 삶에서 겪게 될 실패와 좌절을 이겨내는 힘을 기르기 위해

그렇다면 이번에는 내공 재테크를 통해 반드시 갖춰야 할 역량들을 알아볼 차례입니다. 이러한 역량들은 2~5단계를 이뤄나가는 데 탄탄한 기초가 되어줄 것입니다.

첫 번째 역량은 '나를 알고 상대를 아는 힘'입니다. 내가 어떤 사람인지, 어느 정도의 역량을 갖추고 있는지를 알아야 부족한 부분과 강점도 파악할 수 있으니 내공 재테크의 기초라고 할 수 있지요. 여기서는 지금의 나를 파악하는 데 그치는 것이 아니라 나 자신을 파악하고 상대, 즉 내가 뛰어들어야 할 분야와 경쟁자에 대해서도 파악하는 '힘'을 갖추는 것이 중요합니다. 이러한 힘이 갖춰져 있어야 수시로 나의 위치, 경쟁자와 분야의 상황을 파악하여 전략을 수정할 수 있기 때문입니다.

퇴직 전 직장인을 위한 가장 현실적인 5단계 자립 솔루션

두 번째 역량은 '시련을 이겨내는 힘'입니다. 추측하건대, 이 두 번째 역량은 이미 갖추고 있을 가능성이 높습니다. 우리는 알게 모르게 많은 실패와 시련을 겪어왔기 때문이지요. 그때마다 좌절하기만 하지는 않았을 테니 분명 시련을 이겨낸 경험이 쌓였을 것입니다. 그때 어떻게, 어떤 마음가짐으로 이겨냈는지를 되짚어보세요.

세 번째 역량은 '실패를 대하는 자세'입니다. 이미 충분히 설명한 바 있는 것으로, 실패를 실패 그 자체로 둘 것이 아니라 성장의 기회로 삼고 자산화하겠다는 자세가 필요합니다.

네 번째 역량은 '계속할 수 있는 힘'입니다. 이는 '단무지 법칙'의 마지막 요소인 '지속성'을 뜻하지요. 4050세대는 직장에서의 퇴직을 '끝'으로 받아들이기 쉽고, 젊은 세대에 비해 안착하려는 성향이 강한데, 이는 잘못된 생각입니다. 삶이 계속되는 한 우리는 끊임없이 변화에 적응해야 하고, 1~5단계 재테크 역시 한 번 성공이나 실패로 끝이 아니라 계속해서 이어져야 하기 때문이지요.

마지막으로 다섯 번째 역량은 '나를 믿고 신뢰하는 힘'입니다. 그리고 이 역량이야말로 제가 내담자들에게 가장 강조하는 것이기도 합니다. 왜냐하면 이 다섯 번째 역량이 앞선 네 가지 역량을 갖추는, 나아가 행복 5단계 재테크의 1단계인 내공 재테크를 시작하는 첫 걸음이기 때문입니다. 즉, 자신을 신뢰할 수 있어야 시련을 이겨내고 실패를 자산화할 수 있으며, 의지가 꺾이지 않는 법입니다.

자신을 믿는다는 말에는 실패나 시련도 얼마든지 이겨낼 수 있다는 자신감은 물론 지금까지의 삶에 대한 자부심과 자긍심도 포함됩니다. 세상에 평탄하기만 한 삶은 없습니다. 그러니 40여 년 혹은 그 이상을 살아온 사람이라면 곧 수많은 굴곡을 겪고 이겨냈다는 뜻이기도 합니다.

그럼에도 불구하고 상담을 진행하다 보면 4050세대는 자기 자신을 한심하고 보잘것없는 사람으로 여기기 일쑤라 답답할 때가 많습니다. 당신은 지금까지 잘해왔다고, 지금껏 견뎌내고 이겨낸 것만으로도 자부심을 가지기에 충분하다고 말해줘도 변하지 않습니다.

하지만 이제 바뀌어야 할 때가 됐습니다. 그리고 바뀌려면 지금껏 그러지 못했던 이유부터 알아야 하겠죠?

내공 재테크에서 갖춰야 할 다섯 가지 역량
- 첫째, 나를 알고 상대(경쟁자)를 파악하는 힘을 갖춘다.
- 둘째, 실패에 좌절하지 않고 시련을 이겨낸다.
- 셋째, 실패를 성장의 기회를 삼는다.
- 넷째, 한번 시작한 일은 지속하는 끈기를 갖는다.
- 다섯째, 나를 믿고 신뢰한다.

퇴직 전 직장인을 위한 가장 현실적인 5단계 자립 솔루션

은퇴자의
바보 유형 세 가지

4050세대가 자신을 믿지 못하는 이유, 스스로에게 자부심을 갖지 못하는 이유, 나아가 자존감이 바닥까지 떨어져 있는 이유 중 가장 중요한 하나를 꼽자면, 그들이 스스로를 아끼고 사랑할 줄 모른다는 것입니다. 스스로를 중요한 사람이라 여기기는커녕 지난 삶에서 자기 자신을 위해 살아본 적도 없는 경우가 대부분이지요.

"자기 자신을 위해 산 적이 없다고요? 내가요?"

이렇게 반문하는 분들이 꽤 있을 겁니다. 상담 때도 그런 반응을 보이는 분이 적지 않으니까요. 하지만 대부분의 4050세대는 지금껏 오롯이 자신만을 위해 산 적이 많지 않습니다. 생각해보면 성인이 되기 전까지는 대개 사회와 부모님 뜻에 따라 산 경우가 많을 겁니다. 저 역시 고등학교 때까지는 부모님과 학교에서 하라는 대로만 했으니까요. 심지어 대학에서도 산업디자인을 공부하고 싶었으나 '취업이 어렵다'는 부모님 말씀에 따라 전기공학을 전공했지요. 지금의 2030세대에 비해 부모의 뜻에 맞춰 살아온 4050세대 중에는 저 같은 경우가 참 흔했습니다. 심지어 결혼조차 부모 뜻에 따르는 사람이 지금보다 훨씬 많았지요.

그럼 사회생활을 시작한 후로는 어떨까요? 지인들과 내담자들의 이야기를 들어보면 대부분의 4050세대는 결혼 이후의 삶을 '가족'

을 위해, 특히 자녀가 생긴 후로는 오롯이 자녀들을 위해 살아왔습니다. 4050세대에는 특히 남자가 돈을 벌고 여자가 살림을 하는 부부가 압도적으로 많은데, '자신'이 아니라 오로지 '자식'을 위해 살았던 것은 남녀가 똑같았습니다.

더욱 심각한 이야기를 해볼까요? 내담자의 대부분은 은퇴 이후의 삶까지 자녀를 위해 '포기'하려 합니다. '포기'라는 말이 너무 과해 보이나요? 아니요, 포기가 맞습니다. 나이 들고 수입도 끊긴 상황에서, 마치 자녀에게 평생 갚아도 못 갚을 빚이라도 진 것처럼 시간과 돈, 심지어 노동력까지 퍼다 주는 삶. 이게 바로 제가 보고 들은 4050세대의 '은퇴 이후의 삶'입니다.

실제로 내담자들이 계획 중인 은퇴 이후의 삶을 들어보면 대부분이 제가 흔히 '은퇴자의 바보 유형'이라고 말하는 세 가지 분류 안에 포함됩니다.

은퇴자의 바보 유형 첫 번째는 '손주 돌보느라 자기 삶이 없는 사람'입니다. 주변에서 흔히 봐왔을 거라고 생각합니다. 아들이나 딸 부부를 대신해 가끔 손주를 봐주는 정도라면 문제 될 게 없겠지요. 하지만 그 빈도가 너무 높으면 문제가 됩니다. 하물며 아들이나 딸 부부가 맞벌이를 하고 있다면 전담으로 아이를 도맡아 키워주기도 하는데, 이건 정말로 말리고 싶은 선택입니다. 평생을 뒷바라지해서 키우고 교육시키고 결혼까지 시켜놨으면 그걸로 부모가 자녀에게 할 일은 충분히 하고도 남은 셈입니다. 그런데도 은퇴 이후까지 또 같은 일을 반복해야 할까요? 심지어 "손주들 봐주다가 아이가 다쳤더니 자식들이 나를 원망하더라"며 서운해하는 분도 심심찮게 봤습니다.

은퇴자에게는 남은 시간이 많지 않습니다. 조금이라도 기운이 있을 때 하고 싶었던 것을 하고 삶을 더 즐겨야 합니다. 그러니 이제 자녀들에게 "너 키워줬으면 됐지 네 자식까지 내가 키워줘야 하느냐"고, "지금껏 네 뒷바라지하느라 우리 삶이 없었으니, 지금부터라도 우리 삶을 찾아야겠다"고 당당히 선언하세요.

은퇴자의 바보 유형 두 번째는 '자식들에게 재산 다 물려주고 눈치 보면서 용돈 타서 쓰는 사람'입니다. 실제로 이런 선택을 하는 부모가 참 많지요. 그러나 생활하고 삶을 즐기는 데 아무런 불편함이 없을 정도의 고정적인 수익이 있는 경우가 아니라면 저는 이런 '바보짓'을 말리고 싶습니다. 왜 바보짓이냐고요? 은퇴 후, 고정적인 수익이 없는 상황에서 있는 재산마저 다 퍼 주고 나면 그때부터는 자녀들의 용돈에 기대서만 살아가야 하기 때문입니다. 그러니 자녀는 갈수록 부모가 부담이 되고, 부모는 부모대로 눈치가 보이고 마음이 편치 않지요.

이렇게 한꺼번에 재산을 물려준 분들의 이야기를 들어보면, 문제가 생기는 이유는 명확합니다. 부모와 자녀 각각의 입장에서 문제가 발생하지요. 우선 자녀 입장에서는 목돈이 한꺼번에 생겼기 때문에 당장 큰 집으로 이사를 하고 차를 바꾸는 등 대부분의 돈을

'소비'해버립니다. 이후 소득은 그대로인데 부모에게 꼬박꼬박 용돈을 줘야 하니 지출은 커져 부담이 되는 것이지요. 부모 입장에서는 안정적이고 고정적인 현금흐름을 만드는 데 써야 할 자금을 날려버리는 꼴이 됩니다. 그러니 자식들에게 한 번에 재산을 다 물려주는 것은 부모를 위해서도, 자식들을 위해서도 좋지 않은 선택인 셈이지요. 이런 문제를 어떻게 해결할 것인지는 2단계인 부동산 재테크에서 설명하겠습니다.

　은퇴자의 바보 유형, 마지막은 '독립한 자녀들이 올 때를 대비해 큰 집에 사는 사람'입니다. 고객 중에는 자녀가 둘인 50대 부부가 있습니다. 아들딸 모두 결혼해 따로 살고 있는 상황이었으니 두 부부만 함께 살고 있었지요. 그런데도 이분은 99 m^2(약 30평)가 넘는 방 네 칸짜리 아파트에서 그대로 살고 있었습니다. 그것도 자녀들의 방을 거의 그대로 둔 상태로요. 명절 같은 가족행사 때 아들과 딸이 오기 때문이라고 했습니다. 한데 생각해보면 자녀들이 와봐야 1년에 한두 번일 테고, 그나마도 방문한 날 귀가하는 경우가 많을 겁니다. 그런데 그 연간 한두 번, 그것도 와서 잠깐 쉬고 갈 자녀들 때문에 집을 그대로 유지하겠다니요. 이게 현명한 일일까요? 아니요, 저는 그게 바로 바보 같은 행동이라고 생각합니다. 일단 집이 넓으면 주거비와 관리비도 많이 들고 청소하기도 벅찹니다. 더구나 자녀들을 모두 내보내고 넓은 집에 부부만 있으면 휑하니 마음까지 허해지기 쉽지요. 그보다 큰 문제라면, 이 역시 두 번째 바보 유형과 마찬가지로 인생 2막을 위한 안정적인 현금흐름을 만들어갈 기회를 걷어차버리는 짓입니다.

> **은퇴자의 바보 유형 세 가지**
> - 첫째, 손주 돌보느라 자기 삶이 없다.
> - 둘째, 자식들에게 재산을 다 물려주고 용돈을 받아 쓴다.
> - 셋째, 독립한 자녀들이 올 때를 대비해서 큰 집에 사는 것을 고집한다.

　제가 은퇴자의 바보 유형에 대해 설명한 이유는 하나입니다. 바로 4050세대가 자신이 아닌 자식들만을 위한 삶을 사는 데 익숙해져 있어, 자신을 아끼고 사랑할 줄 모르기 때문입니다. 스스로를 아끼지도, 사랑하지도 않는 사람에게 자존감이라는 것이 있을까요? 또한 자기 삶에 자부심을 가질 수 있을까요? 자존감이 낮고 자신의 삶에 자부심이 없는 사람이 스스로를 믿을 수 있을까요? 스스로를 믿지 못하는 사람이 새로운 도전을 할 수 있을까요? 그리고 새로운 도전을 하지 못하는 사람이 지금까지의 삶과는 전혀 다를 수밖에 없는 상황에서 인생 2막을 원하는 방향으로 바꿀 수 있을까요? 저는 불가능하다고 생각합니다. 그렇기에 시간과 돈에서 자유로운 인생 2막을 위한 행복 재테크 5단계의 첫 번째 단계인 내공 재테크의 시작은 바로 '자신을 사랑하는 것'입니다.

0단계, 건강 재테크가
우선입니다

자기 자신을 아끼고 사랑하는 데에도 선행되어야 할 것이 있습니다. 바로 '건강'입니다. 사실 '행복 재테크 5단계'라고 이름을 짓고 컨설팅을 하고는 있지만, 엄밀히 따지자면 그에 앞서 6단계로 나눠야 맞습니다. 그래서 때로는 내담자들에게 '0단계인 건강 재테크부터 시작해야 한다'고 말하기도 합니다. 건강하지 않으면 무엇도 할수 없기 때문이지요. 건강을 돌보지 않고 살아온 기간이 상대적으로 긴 4050세대에게는 특히 건강이 중요할 수밖에 없습니다. 2030세대에 비해 한번 상한 건강을 회복하기도 쉽지 않으니 더더욱 그렇지요. 그렇기에 제가 4050세대에게는 그토록 건강의 중요성을 강조하는 것입니다.

여기서 건강에는 몸과 마음의 건강이 모두 포함됩니다.

몸을 건강하게 하는 방법은 우리 모두 알고 있습니다. 건강에 해로운 음식은 피하고, 과식하지 않으며, 술과 담배를 하지 않는 것입니다. 여기에 적절한 운동까지 더해진다면 금상첨화겠지요. 제가 구구절절 늘어놓지 않더라도 모두 알고 있는 사실입니다. 다만 실천이 어려운 것뿐이지요. 어떤 식단을 제시해도, 아무리 좋은 운동법을 알려줘도 실천하지 않으면 말짱 꽝입니다. 더구나 현재의 건강 상태를 전혀 알지 못하는 상황에서 제시하는 식단과 운동법은

퇴직 전 직장인을 위한 가장 현실적인 5단계 자립 솔루션

오히려 건강을 해칠 수도 있으니 섣불리 제시하지 않으려 합니다. 그저 자신의 건강 상태를 잘 알아보고 이에 맞는 식단과 운동법을 찾아볼 것을 권고할 뿐이지요.

하지만 한 가지, 실천력과 실행력을 높이는 방법에 대해서는 잠시 이야기해보려 합니다.

우선 아주 사소한 습관을 들여볼 것을 권하고 싶습니다. 아침저녁으로 하루 10분씩만 운동을 시작해보세요. 힘든 운동일 필요도 없습니다. 가벼운 산책이라도 좋습니다. 또는 윗몸일으키기나 줄넘기 같은 운동도 좋지요. 처음에는 귀찮을 수도 있습니다. 습관이 되어 있지 않기 때문이지요. 하지만 거르지 않고 딱 2주만 해보세요. 일단 해보면 알겠지만, 이 작은 습관이 몸에 배면 그때부터는 말려도 하고 싶어집니다.

이렇게 가벼운 습관이 어느 정도 몸에 뱄다면 그때부터는 횟수나 시간을 조금씩 늘려보세요. 이를테면 아침저녁에 더해 낮에도 점심식사 후에 10분 정도 산책을 한다거나 맨몸운동을 해보는 것이지요. 또는 시간을 10분이 아니라 15분, 20분으로 늘리는 것도 좋습니다. 덩어리로 한 시간 운동하기는 힘들어도 15분, 20분씩 쪼개서 한 시간 운동하는 것은 어렵지 않습니다. 그리고 힘들지 않아야 습관이 되기 쉽지요.

사실 마음의 건강도 이와 크게 다르지 않습니다. 마음의 건강을 챙기려면 책을 읽고, 좋은 사람을 만나고, 긍정적인 생각을 하려 노력해야 한다는 점이 다를 뿐, 이를 습관화하는 과정은 비슷하지요.

저 역시 40대 초반까지는 책을 거들떠보지도 않았고, 술도 많이 마셨고 끼니를 거르기가 일쑤였습니다. 운동 비슷한 것도 해본 적이 없고, 항상 부정적인 생각에 가득 차 있었습니다. 빚더미에 깔려 죽어라 일만 해대느라 건강을 챙길 틈도 없었고, 그런 상황에서 좋은 생각은커녕 항상 스트레스에 시달렸지요. 그랬던 제가 책을 읽고 공부를 하기 시작한 것도, 운동을 시작한 것도 모두 이런 사소한 습관이 몸에 밴 후부터 가능했습니다.

그 시작은 앞에서도 언급한 바 있는 '나의 빚 9억 원에게 보내는 감사 편지'였습니다. 이를 계기로 부정적인 생각에서 어느 정도 벗어난 후 나의 삶을 바꿔보겠다는 의지가 생겼지요. 그 방법이 바로 독서였고요. 물론 40년 넘게 독서와는 담을 쌓고 지낸 만큼, 처음에는 책 한 권이 아니라 한 쪽만 읽어도 집중력이 흩어지고 졸음이 쏟아졌습니다. 그러던 것이 출퇴근길 전철에서 꿋꿋이 읽기 시작한 덕에 이제 하루에 몇 권을 읽을 수 있는 내공이 쌓였지요. 그리고 아침에 딱 20분만 일찍 일어나 산책을 해보니 그렇게 좋을 수가 없더군요. 이때 산책을 하는 동안 그날 해야 할 일들을 머릿속으로 정리하고 나니 일의 능률도 올랐습니다. 하루 20분의 아침 산책, 출퇴근길 전철에서의 독서가 10억 빚에 허덕이던 40대 중반의 저를 시간과 경제적 자유를 누리면서도 30대 때보다 건강하게 살아가는 50대로 만들어준 것입니다.

또한 이런 습관은 특히 4050세대에게는 더욱 큰 성취감과 자신감을 심어줍니다. 40년 이상의 나태했던 일상을 바꾸는 과정에서 '나도 할 수 있구나'라는 자신감이 생기고, 여기에 몸과 마음의 건강까지 좋아지니 성취감이 생기는 것이지요. 건강에도 큰 문제가 없고 잘못된 습관에 상대적으로 물이 덜 들어 있는 중년층에게 효과가 더 클 수밖에 없지요. 그리고 이런 사소한 습관들이 돈과 시간에 자유로운 인생 2막을 열어줄, 행복 재테크 5단계의 탄탄한 내공이 되어주는 것입니다.

2단계: 부동산 재테크

돈이 돈을
벌어들이게
하는 힘

4050 재테크는
'안정적인 현금흐름'이
우선입니다

 1장에서 행복 재테크 5단계의 시작으로서 내공을 어떻게 갖출 것인가에 대해 함께 이야기했습니다. 지금부터는 말 그대로 '돈 버는' 재테크에 대해 이야기를 해보려 합니다.

 세상에 돈 벌 방법은 무궁무진합니다. 개중에는 일확천금을 노리는, 다소 도박에 가까운 방법도 있고, 상대적으로 소득은 적지만 안정적인 방법도 있습니다. 그리고 4050세대에게는 후자가 더 적합

합니다. 나이가 들수록 큰 실패 앞에서 일어서기가 힘들기 때문이지요. 만약 제가 지금 10억 원의 빚을 지게 된다면 이전보다 훨씬 금방 일어설 수 있겠지만, 이는 이미 경험을 통해 생긴 노하우와 자신감이 있기 때문입니다. 30대 때처럼 별다른 노하우나 경험이 없는 상황에서 지금 이 나이라면 솔직히 일어서기 쉽지 않았겠지요.

그래서 은퇴를 눈앞에 뒀거나 현재 은퇴를 한 4050세대라면 재테크를 시작할 때 목적을 세 가지로 잡아야 합니다.

첫째, 나의 자산을 재조정하는 것
둘째, 안정적인 현금흐름으로 제2의 월급통장을 만드는 것
셋째, 재산을 안정적이면서도 꾸준히 늘리는 것

그리고 이를 실현시켜줄 수 있는 행복 재테크 2단계가 바로 '부동산 재테크'입니다. 단, 큰돈을 벌겠다는 욕심을 버리고 안정적인 현금흐름을 만들 수 있는 '수익형 부동산'에 투자하는 것이지요. 큰 빌딩이나 어마어마한 차익을 남길 수 있는 부동산을 매매하는 게 아니라 상대적으로 저렴하게 나온 낡은 건물을 사서 리모델링한 후 임대수익을 올리는 방식입니다.

특히 4050세대에게 이런 안정적인 임대수익이 중요합니다. 임대수익은 쉽게 말해 '돈이 돈을 일하게 하는' 것입니다. 즉, 내가 일을 하지 않아도 '돈이 돈을 벌어오는' 시스템을 갖추는 셈이지요. 청년

층에 비해 갑자기 일을 할 수 없을 정도로 건강에 문제가 생기는 경우가 많은 나이인 만큼 내가 직접 일하지 않아도 돈이 생기는 시스템을 마련해야 한다는 것입니다.

구체적인 방법을 알아보기에 앞서 우리는 자신에게 세 가지 질문을 먼저 던져봐야 합니다. 이 질문들에 대한 답변에 따라 부동산 재테크의 목표 금액과 전략이 정해지기 때문입니다.

첫째, 매달 필요한 생활비는 얼마나 되는가? 물론 이 질문에 대한 답은 사람들마다 다릅니다. 자녀가 몇 명인지, 자녀들이 경제적인 지원이 필요한지, 가족 중 아픈 사람은 없는지, 반드시 써야만 하는 고정비용이 어느 정도인지 등에 따라 달라질 수밖에 없으니까요.

이렇게 계산한 '최저 생활비'를 기준으로 부동산 투자로 벌어야 할 목표 금액을 정해야 합니다. 이때 최저 생활비보다 다소 여유 있게 목표를 정해야 돌발적인 상황이 생기더라도 이겨낼 수 있습니다. 저는 최저 생활비의 1.5배 정도를 목표로 잡으라고 합니다.

50대 중반의 한 부부는 자녀들이 모두 독립해 최저 생활비가 월 170만 원으로 나왔습니다. 그런데 이후 건강검진 결과 부부 모두 건강이 좋지 않아 약을 꾸준히 복용해야 하는 상황이 됐습니다. 만약 이들이 170만 원을 목표로 삼았다면 문제가 생겼겠지요. 다행히 저는 이런 상황을 대비해 그 1.5배 정도인 월 260만 원 수익을 목표로 컨설팅을 진행했고, 실제로 그 정도 수익을 올리고 있어 큰 문제는 없었습니다. 이런 상황에 대비하기 위해서라도 최저 생활비보다 조금 여유 있는 금액을 목표로 해야 하는 것이지요. 만약 정확한 금액을 산정하기 어렵다면 저는 월 300만 원 정도의 수익을 목표로 할 것을 권합니다. 그 정도가 꾸준히 들어와야 앞으로의 물가 상승을 감안하더라도 부부가 적절히 삶을 즐기면서 살아갈 수 있기 때문입니다.

둘째, 만약 수익률 5퍼센트의 주거용 수익형 부동산으로 앞에서 정한 목표 금액을 벌려면 투자금이 얼마나 필요한가? 여기서 5퍼센트는 제가 컨설팅을 진행할 때 기준으로 삼는 수익률로, 어느 정도의 자금과 노력만 있으면 충분히 올릴 수 있는 수준입니다. 이렇게 파악한 금액은 지금부터 마련해야 할 '자본금'이 되지요. 그런데 이 자본금을 마련하는 과정에서 대출을 이용해야 한다면 그 대출 이자 역시 수익 목표 금액에 포함시켜야 합니다.

셋째, 현재 내 자산은 어느 정도인가? 이는 자본금을 마련하기 위해 알아야 할 정보입니다. 만약 보유 중인 부동산이 있다면 이를 팔 것인지, 아니면 담보로 대출을 받을 것인지 등을 파악하는 기준이 되는 것이지요. 그렇게 파악한 자산이 필요 자본금보다 부족한 경우 이를 어떻게 마련할지 전략을 세우는 기준이 되기도 하고요. 이때 부족한 자본금을 만드는 데에는 1인 지식기업가가 되는 방법이 있는데, 이는 3단계인 '플랜B 재테크'에서 더 자세히 설명하겠습니다.

마흔 이후의 재테크 전략을 위한 질문 세 가지

- 첫째, 매달 필요한 생활비는 얼마나 되는가?
→ 최저 생활비의 1.5배를 목표로 잡는다.

- 둘째, 목표 금액을 벌기 위한 투자금은 얼마인가?
→ 수익률 5퍼센트 주거용 수익형 부동산 투자를 위한 목표 금액을 파악한다.

- 셋째, 현재 내 자산은 어느 정도인가?
→ 목표 금액보다 자산이 부족한 경우 플랜B 재테크(1인 지식기업가)를 실행하여 자본금을 마련한다.

2단계 부동산 재테크에서 반드시 갖춰야 할 세 가지 역량

세 가지 질문이 내가 올려야 할 수익 목표 금액, 이를 위해 필요한 자본금, 그 자본금을 마련하기 위해 추가로 필요한 돈과 방법을 찾기 위한 것이라면, 이제 좀 더 구체적인 방법 또는 역량을 알아봐야 할 차례입니다. 여기서의 역량이란 '부동산 재테크'를 성공으로 이끌려면 반드시 갖춰야 할 것으로, 총 세 가지를 꼽을 수 있습니다. 각각을 어떻게 갖출 것인지는 차차 알아보기로 하고, 여기서는 각 역량의 개념과 특징을 설명해보겠습니다.

첫째, 재테크 자금입니다. 부동산 투자를 하려면 돈이 있어야겠지요? 여기서의 자금은 당연히 앞의 세 가지 질문을 통해 알게 된 자본금입니다. 만약 현재의 자산과 대출을 통해서도 이 자본금을 마련할 수 없다면 어떻게 해야 할까요? 구체적인 방법은 3단계 플랜B 재테크에서 설명하겠지만, 간단히 말하면 그 자본금을 마련하기 위해 다른 투자가 필요할 것입니다. 그 투자란 새로운 직업을 갖는 것일 수도 있고, 무언가를 배우는 것일 수도 있겠지요. 이때도 당연히 돈이 필요한데, 부동산 재테크에서 갖춰야 할 세 가지 역량 중 하나인 '재테크 자금'은 이런 돈까지 포함하는 개념입니다.

둘째, 투자의 시간입니다. 투자는 결국 발품을 많이 팔고 시간을 내서 더 많이 공부한 사람이 성공하는 법입니다. 다시 한번 강조하지만, 4050세대는 2030세대에 비해 남은 시간이 상대적으로 적은 만큼 시간의 가치는 더욱 커집니다. 그 시간을 어떻게 만들고 활용하느냐가 투자의 성패를 가르는 것이지요.

셋째, 재테크 지식과 노하우를 갖춰야 합니다. 쉽게 말해 공부하고 경험을 쌓아야 한다는 의미입니다. 흔히 돈만 있으면 부동산 투자는 쉽다고 생각하는데, 절대 그렇지 않습니다. 물론 수백억 원이 있다면, 그리고 원하는 수익이 그리 크지 않다면 저도 굳이 공부까지 해가며 투자할 것을 권하지는 않겠습니다. 하지만 평범한 직장인으로서 수천만 원에서 수억 원 정도의 금액으로 투자를 하고 인생 2막을 대비해야 한다면 부동산을 비롯한 재테크 공부는 필수입니다.

한 번의 잘못된 투자로 평생 모아둔 얼마 안 되는 재산과 퇴직금을 날린 사람도 많습니다. 심지어 투자금을 마련하기 위해 주거하던 아파트를 담보로 대출을 받았다가 결국 집이 은행에 넘어가고 원룸에 월세로 들어간 분도 많이 봐왔습니다. 그런 상황에 처하기 싫다면 공부를 해야만 하지요. 그리고 공부를 하려면 첫 번째 역량인 재테크 자금을 계산할 때 공부하는 데 필요한 비용을 감안해야 합니다. 그리고 두 번째 역량인 투자의 시간에는 공부하고 노하우를 쌓아가는 시간도 포함된다는 점을 명심하세요.

이제 부동산 재테크에 필요한 세 가지 역량 중 실제로 가장 중요하면서 또 어렵기도 한 자금 마련 방법에 대해 이야기해볼 차례입니다.

4050세대에게
수익형 부동산이 유리한 이유

부동산 재테크의 역량을 갖추고 활용하는 방법을 설명하기 전에 질문을 하나 해보겠습니다. 만약 당신이 무주택자인데 신용등급이 높아 제법 큰 금액을 대출받을 수 있다면, 당신은 대출을 받아서라도 집을 사겠습니까? 아니면 대출에 따른 위험과 이자부담을 줄이기 위해 전세나 월세로 살아가겠습니까?

만약 후자를 택하겠다고 한다면, 부동산 투자를 할 준비가 전혀 되어 있지 않다고 할 수 있습니다. 제게 상담을 받으러 오는 분들에게 저는 이런 상황이면 무조건 집을 사야 한다고 말합니다. 그 이유는 다음과 같습니다.

우선, 대출에 따른 위험과 대출 이자보다 전세로 살아가는 것이 더 위험하고 비용도 크기 때문입니다. 대출로 집을 살 수 있음에도 전세로 살아가는 분들은 "이자 낼 돈을 모아서 대출 없이 집을 사겠다"고 말하기도 합니다. 하지만 전세자금이 언제까지나 고정되어 있던가요? 집값이 오르는 만큼 전세자금도 오릅니다. 그러니 기껏 돈을 모아봐야 임대인이 전세자금을 올려버리면 모아둔 돈은 사라지겠지요. 물론 전세자금은 언젠가 돌려받을 돈이긴 합니다. 하지만 다른 곳에 투자하면 더 커질 수 있는 돈을 무이자로 빌려준 것과 마찬가지니 그만큼 손해인 셈이지요. 더구나 그때쯤이면 매매가격은 더 크게 올라 있을 가능성이 높기 때문에 결국 돈을 모으는 속도가 집값이 상승하는 속도를 따라잡기 힘듭니다.

빚을 내서라도 집을 사야 하는 이유는 또 있습니다. 지금은 집을 짓는 비용보다 땅값이 비싸기 때문입니다. 더구나 해마다 적게는 5 퍼센트에서 많게는 10퍼센트 이상 땅값이 오르고 있지요. 어지간한 직장인의 연봉 상승보다 땅값과 집값이 빠르게 오르고 있으니 조금이라도 그 격차가 적을 때 사는 것이 당연히 유리합니다.

그렇기에 저는 아직 은퇴까지 몇 년이 남은 내담자에게는 최대한 빨리 집을 사라고 권합니다. 과도한 빚은 위험하니 감당 가능한 수준에서 대출을 받아서라도 집을 사라는 것이지요. 그리고 이때 원금은 최대한 천천히 갚는 것이 유리합니다. 물가가 오르고 집값이 폭등해도 원금은 오르지 않으니까요.

단, 집을 사려면 '타이밍'이 중요합니다. 길게 보면 부동산은 가격이 무조건 오른다고 할 수도 있지만, 때로는 떨어지는 시기도 있기 때문입니다. 재테크 지식과 경험이 쌓이다 보면 자연스레 감이 잡히기는 하지만, 그전에도 대략이나마 알아볼 수 있는 방법은 있습니다. 간단하게는 한국은행에서 발표하는 '주택가격전망 소비자동향지수'를 확인하는 것이지요. 100퍼센트 맞는 것은 아니지만, 전반적으로 일치하기 때문에 참고하면 큰 도움이 됩니다. 주택가격전망 소비자동향지수는 한국은행 홈페이지(www.bok.or.kr)에서 확인 가능합니다. 자료를 검색하고 분석하는 방법은 유튜브에서 '미래 집값의 선행지표인 주택가격전망(CSI) 활용법'을 검색해서 보면 이해가 쉬울 겁니다.

제가 이렇게 강조한 '집을 사야 하는 이유'는 주거용 수익형 부동

퇴직 전 직장인을 위한 가장 현실적인 5단계 자립 솔루션

산에 투자해야 하는 이유와도 맞물립니다. 원룸과 같은 주거용 부동산에 대한 수요는 사라질 수가 없는데, 이런 부동산은 상대적으로 투자금이 적으면서 수익률 5퍼센트 정도의 수익을 꾸준히 올릴 수 있기 때문입니다. 특히 안정적인 현금흐름을 최대한 빨리 만들어내는 것이 1차 목표가 되어야 하는 중년층에게는 그만큼 중요한 요소이지요.

투자금을 마련하는 가장 확실한 방법

이제 본격적으로 부동산 재테크의 역량을 갖추고 실제 투자금을 마련하는 방법을 알아볼 차례입니다.

당연한 이야기지만, 투자금은 여러 가지 상황에 따라 액수가 달라집니다. 부동산 경기가 어떠한지, 목표 수익 금액이 얼마인지, 투자하려는 지역은 어디인지 등은 물론이고 그 외에도 수많은 변수가 있습니다. 어찌 됐건 기본적인 방법은 '투자에 필요한 목돈을 마련하는 것'이라 할 수 있습니다.

여기서 자신의 상황에 따라 목돈을 마련하는 방법이 크게 두 가지로 나뉩니다. 본인 소유의 집이나 전세로 살고 있는 거주지가 있는 경우, 이 주거비를 줄이는 것이 가장 쉽고 빠른 방법입니다. 반면 본인 소유의 집도, 전셋집도 없는 상황이라면 3단계인 플랜B 재테크부터 시작해야 합니다. 여기서는 4050 내담자들 중 가장 큰 비율을 차지하는 '주거 중인 아파트 한 채'가 재산의 거의 전부인 분들의 이야기부터 해보겠습니다.

본인 소유의 집 또는 전셋집을 이용해 목돈을 마련하는 방법은 간단합니다. 주거의 종류나 평수, 사는 지역 등을 바꾸는 것입니다. 쉽게 말해, 아파트에 살고 있다면 빌라나 일반 주택으로, 서울에 살고 있다면 살짝 외곽으로 이주하는 것만으로도 제법 큰 차액을 남길 수 있습니다. 물론 이를 혼합한다면 더 큰돈이 생기겠지요. 만약 서울의 99m^2 크기의 아파트에 살고 있다면 경기도의 66m^2 크기의 빌라로 옮기는 것만으로도 1억 원이 훌쩍 넘는 목돈이 생길 가능성이 높습니다. 3부 도입부에서 이야기한 염색 기술자가 아파트를 팔고 상대적으로 저렴한 지역의 반지하 월세로 들어감으로써 수억 원을 마련한 것처럼 말이지요. 이때 가족들의 상황도 충분히 고려해야 하고, 특히 부부간에는 확실한 동의를 구해야 합니다. 간혹 내담자들 중 아내나 남편의 동의 없이 진행했다가 극단적인 상황으로 치닫는 경우도 봤으니 명심하기 바랍니다.

앞서 내공 재테크에서 이야기한 '은퇴자의 바보 유형'을 기억하시나요? 그중 재산을 자녀들에게 다 물려주고 용돈 받아 쓰면서 눈치 보는 유형의 해결책에 대해 이야기해보겠습니다.

퇴직 전 직장인을 위한 가장 현실적인 5단계 자립 솔루션

먼저 자녀를 지원해주긴 하되 다른 각도에서 접근해야 합니다. 제가 내담자들에게 제안하는 방법은 자녀에게 물려주려 했던 돈으로 부동산 투자를 해서 안정적인 현금흐름을 만들고, 이 돈으로 자녀들에게 다달이 생활비를 지원해주는 것입니다. 돈을 한꺼번에 물려주는 경우는 보통 자녀가 결혼하거나 집을 살 때입니다. 이때 그냥 자녀가 대출을 받게 하고, 그 이자를 대신 갚아주는 것입니다. 물론 당장은 대출금 때문에 힘겹게 느껴질 수도 있지만, 이자 부담만 없어도 삶이 한결 여유로워질 테니까요. 그리고 사람 심리가 참 묘해서, 한꺼번에 목돈을 주면 당장은 고마워해도 금방 잊는 반면, 수십만 원이라도 다달이 도와주면 계속해서 고마워하게 마련입니다. 이 방법대로면 부모는 목돈을 부동산에 투자해 안정적인 현금흐름을 확보하면서도 자녀에게 계속해서 대접받을 수 있고, 자녀는 부담을 한결 던 상태에서 집을 장만할 수 있지요.

만약 지금의 주거지를 도저히 옮길 수 없다면, 그 집을 담보로 대출을 받는 것도 한 가지 방법입니다. 물론 이 경우 원하는 만큼의 자금을 마련하기는 힘들겠지만, 그래도 어느 정도의 목돈을 마련할 수 있을 테니까요. 그리고 첫 투자는 그 액수에 맞춰 작게 시작하고, 경험이 쌓이고 돈이 조금 더 모이면 그때부터 투자 규모를 키워나가면 됩니다. 이는 뒤에서 다룰 3단계 플랜B 재테크와 합쳐질 때 더 큰 효과가 있는데, 간단히 말하자면 두 가지를 동시에 진행하는 것입니다.

3억 원으로
소형주택 신축 사업을 한
30대 내담자

제게 상담을 받은 내담자 중 한 30대 초반의 여성이 있습니다. 당시 아시아나항공의 승무원으로 남편과 맞벌이를 하면서 열심히 일했지만, 아기를 낳고 육아휴직을 하면서 고민이 커졌다고 합니다. 아이가 자랄수록 지출은 커질 텐데 자신은 언제까지 일을 할 수 있을지 모르는 상황이라 암담했다는 말이지요.

그분은 남들보다 이른 나이에 인생 2막을 준비하기로 결정했습니다. 고민만 하고 있을 바에는 방법을 찾겠다는 것이었습니다. 그래서 생각한 방법이 부동산 투자였습니다. 신혼집을 구할 때 부동산 투자에 관심이 생겼고, 그때 아파트를 구해 2년 후 매도해 차익을 남길 생각을 했었다고 하더군요. 그러나 이후 직장생활을 하느라 바빴고, 혼자 공부하기에는 벅차 제 강의를 듣게 된 겁니다.

이분은 제 강의를 정말 열심히 들었습니다. 제가 진행하던 거의 모든 강의를 퇴근 후나 주말 시간을 이용해 들었고, 심지어 수익형 부동산 투자 관련 강의는 두 번을 듣기도 했습니다. 처음 들을 때는 기초 지식이 부족해 이해하기 힘들었다고 하더군요. 그래서 책과 인터넷을 이용해 기초 지식을 쌓은 후 다시 들은 것입니다. 직장생활과 육아를 병행하는 외중에도 제가 추천한 책들을 빠짐없이 읽고 공부하면서 탄탄한 내공을 쌓았고, 강의를 통해 투자 지식을 쌓아갔지요.

이분이 관심을 가진 것은 소형주택 신축 사업이었습니다. 낡은 건물과 토지를 싸게 매입해 건물을 신축한 후 매도해 수익을 남기려던 것이지요. 이를 위해서는 부동산 재테크의 첫 번째 역량인 자금이 필요했는데, 그때까지 부부가 열심히 모은 돈과 퇴직금, 여기에 아파트를 매도하고 주거지를 옮겨 총 3억 원가량의 투자금을 마련했습니다.

물론 3억 원으로 신축사업을 하기란 힘듭니다. 이분도 토지 매입비와 건축비까지 총 9억 원이 조금 넘게 들었다고 하니까요.

하지만 전략만 잘 짜면 3억 원으로도 충분히 가능합니다. 이 고객은 발품을 팔고 돌아다닌 끝에 사람들이 그다지 선호하지 않는 비탈길의 낡은 주택과 토지를 발견했습니다. 선호도가 떨어지는 만큼 저렴했지요. 선호도가 떨어지는 곳도 신축을 통해 적절한 가격으로 매도 또는 임대를 할 경우 충분히 수익을 올릴 수 있습니다. 이 고객은 그 사실을 알고 있었기에 보유하고 있던 3억 원으로 이곳을 매입했지요. 그리고 이를 담보로 토지담보대출과 건축자금대출을 받아 약 5억 원가량을 조달했습니다. 여기에 1억 원이 조금 넘는 돈을 지인들에게 이자를 주고 빌려 주택을 신축한 것이지요. 기간은 총 7개월 정도 걸렸습니다.

저는 고객을 상담할 때 30대 초중반의 젊은 나이라면 건물을 매도해 차익을 남기고 40대 이후의 중장년층에게는 임대수익으로 안정적인 현금흐름을 만들 것을 권하는 편입니다. 이 고객도 본래는 신축이 되면 분양할 생각이었지요. 하지만 개인적인 사정이 있기도 했고, 직접 투자 대비 수익률이 10퍼센트 정도로 꽤 높았던 덕에 임대사업으로 방향을 바꿨습니다. 게다가 보증금으로 2억 원가량이 빠르게 회수 가능했기에 비슷한 규모의 신축사업을 다시 시도해볼 여지까지 생겼지요.

이처럼 충분한 부동산 지식을 가지고 시간과 노력을 할애한다면, 그리고 적절한 전략과 대출을 이용한다면, 생각보다 적은 돈으로도 부동산 투자로 성공할 수 있습니다.

부동산 투자 전
반드시 짚고 넘어가야 하는 상식

돈을 날리지 않으려면 반드시 알아야 할 세 가지 상식

어느 분야건 투자는 위험성을 내포하고 있습니다. 원금만 날리는 경우는 양호한 편이지요. 심각한 경우 막대한 빚까지 지게 될 수 있으니까요. 그리고 이런 위험은 많이 알수록, 경험이 쌓일수록 줄어들게 됩니다. 특히 부동산 투자에서는 이런 상식들이 돈을 '벌어다' 주지는 않더라도 '날리지' 않게 막아주는 중요한 역할을 합니다. 여기서는 꼭 투자 목적이 아니더라도 알아두면 도움이 되는 부동산 상식들을 몇 가지 짚어보겠습니다.

1. 부동산 중개수수료

중개수수료는 상가, 주택, 사무실 등 건물의 종류와 거래 금액에 따라 달라집니다. 또한 매매냐 전세냐 월세냐에 따라서도 달라지지요.

우선 중개수수료의 지불 시기는 공인중개사법에 따라 '다른 약정이 없다면 거래대금이 완료된 날'에 지불하는 것이 원칙입니다. 물론 다른 약정이 있다면 그 약정에 정한 날이 수수료 지불일이 되는 것이지요. 그리고 수수료는 중개를 의뢰한 쌍방 즉, 파는 사람과 사는 사람, 임대인과 임차인 모두가 정해진 수수료율에 따라 부담해야 합니다.

앞서 건물의 종류에 따라 수수료가 달라진다고 했는데, 그렇다면 주택과 비주택이 함께 있는 건물의 수수료는 어떻게 될까요? 답은 간단합니다. 주택 면적이 절반 이상인 경우 주택의 중개보수 요율이, 절반 미만인 경우 주택 외의 중개보수 요율이 적용되는 것이지요.

중개보수 요율과 한도액은 시대가 바뀌면서 변하기도 하고 지역에 따라 조금씩 차이도 있기 때문에 여기서는 따로 정리하지 않겠습니다. 다만 앞서 말한 대로 건물의 종류와 거래 방식(매매인지 임대인지, 임대라면 전세인지 월세인지 등)에 따라 보수 요율이 달라진다는 것과 일정 규모 이하의 거래에서는 수수료의 한도액이 정해져 있다는 것만은 명심하세요.

이번에는 질문을 하나 해보겠습니다. 계약 후 계약금까지 지불했는데 중간에 계약이 해지된 경우 중개수수료를 지급해야 할까요? 답부터 말하자면, 해야 합니다. 계약 해지 사유가 중개인의 고의 또는 과실에 의한 것이 아니라면 당연히 지급해야 하지요.

이번에는 주거용 수익형 부동산 투자를 하려면 꼭 알아둬야 할 '월세의 중개수수료 계산 방법'을 알아볼 차례입니다.

기본적인 계산 방법은 '거래금액'에 '요율'을 곱하는 것입니다. 여기서 '거래금액'이란 보증금이나 월세를 뜻하는 게 아니라 별도의 공식을 통해 계산한 금액입니다. 그런데 이 거래금액에 따라 요율도 달라지기도 하고, 중개수수료에 한도액이 생기도 합니다.

거래금액을 정하는 원칙은 월세에 100을 곱하고 보증금을 더한 것입니다. 예를 들어, 보증금 500만 원에 월세가 40만 원인 경우 거래금액은 다음과 같겠지요.

거래금액=보증금(500만 원)+(월세×100)=4,500만 원

그런데 여기서 주의할 점이 있습니다. 이렇게 구한 거래금액이 5,000만 원 미만인 경우는 월세에 100이 아닌 70을 곱한다는 것입니다. 위 예시에서는 거래금액이 4,500만 원으로 5,000만 원 미만이니 여기에 적용되겠지요. 이에 따라 다시 계산한 거래금액은 다음과 같습니다.

거래금액=500만 원+(40만 원×70)=3,300만 원

이 거래금액에 중개수수료 요율을 곱한 금액이 실제 중개수수료가 됩니다. 현재는 거래금액이 5,000만 원 미만인 경우 중개수수료 상한요율이 0.5퍼센트입니다. 이를 위의 예에 적용하면 중개수수료는 다음과 같습니다.

중개수수료=거래금액(3,300만 원)×요율(0.5%)
=16만 5,000원

전세 거래의 경우는 이보다 간단합니다. 거래금액, 즉 전세금액에 중개수수료 요율을 곱하면 되는 것이지요. 이때도 물론 거래금액에 따라 요율이 달라지고 중개수수료에 한도액이 정해져 있는 경우도 있으므로 거래에 앞서 이를 잘 확인해야 합니다.

사실 이런 복잡한 공식을 외우지 않아도 요즘에는 다음이나 네이버 같은 인터넷 검색창에 '부동산 중개수수료 계산기'로 검색만 하면 손쉽게 수수료를 알아볼 수 있습니다. 부동산의 종류, 매매와 임대, 거래금액 등을 입력하기만 하면 저절로 계산이 되어 나오니 부동산 거래 전에 반드시 검색해보기를 권합니다. 미리 어느 정도인지를 알아둬야 이 금액을 감안해 이후의 계획도 세울 수 있을 테니까요.

2. 발코니와 베란다의 차이를 모르면 큰 손해를 볼 수 있습니다

아파트에 사는 분들이 흔히 큰 통유리 창문이 있는 곳을 베란다라고 말합니다. 하지만 엄밀히 따지자면 이 공간은 발코니입니다. 발코니란 2층 이상 건물의 거실이나 방에서 바깥쪽으로 연장된 공간으로, 흔히 '서비스 공간'이라고도 부릅니다. 집의 평수를 따질 때 전용면적에는 포함되지 않는 공간인데, 건축법상 폭 1.5m 이내로 확장공사를 하는 것은 합법이지요. 아파트건 다세대주택이건 무관하게 합법입니다. 심지어 방과 거실 양쪽 모두 발코니가 있는 건물도 적지 않아 이런 곳은 확장공사를 하면 전용면적보다 훨씬 넓은 집이 됩니다.

그럼 베란다는 무엇일까요? 간혹 정육면체나 직육면체 모양이 아니라 계단 형태로 생긴 건물을 본 적이 있을 겁니다. 이는 '일조권 사선제한', 쉽게 말해 바로 인접한 건물의 일조권을 보장하는 제한 때문입니다. 이런 경우 위층은 아래층보다 작기 때문에 계단 형태의 수평 부분에 해당하는 옥외 공간이 생기게 됩니다. 이 부분을 베란다라고 합니다.

간혹 베란다에 확장공사를 해 분양이나 매매하는 경우가 있습니다. 즉, 베란다를 옥외 공간으로 두는 게 아니라 벽과 천장을 세워 확장을 하는 것이지요. 그런데 중요한 것은 발코니와 달리 베란다 확장은 불법이라는 점입니다.

주택을 거래할 때, 특히 아파트가 아닌 다세대나 다가구, 다중 주택 등을 계약할 때는 이 부분, '발코니 확장은 합법이지만 베란다 확장은 불법'이라는 것을 염두에 두어야 합니다.

그냥 눈으로 봐서 확인이 어렵다면, 신축건물의 경우 다소 번거롭더라도 판매자에게 건물의 허가받은 평면도면을 달라고 요청하세요. 이 도면을 통해 발코니인지 베란다인지를 확인할 수 있습니다. 반면 신축건물이 아닌 경우라면 매도인이 건축 도면을 가지고 있지 않은 경우가 많으므로, 이때는 '건축물 현황도'를 보면 됩니다. 이는 매도인이 구청에서 받을 수 있는 것이니 매도인에게 요청해서 확인해야 합니다. 이 건축물 현황도에도 건물의 평면도가 있기 때문에 여기서 확인이 가능하기 때문이지요.

만약 눈으로 봐도 모르겠고 평면도나 건축물 현황도를 봐도 모르겠다면, 손해를 최소화하는 간단한 방법이 있습니다. 계약서에는 보통 특약을 쓰는 곳이 있는데, 여기에 기재하는 것이지요. '본 건물에는 베란다 확장 등의 불법사항이 없다. 만약 불법사항이 있는 경우 모든 책임은 매도인이 지기로 한다'는 정도로 간단하게 기재해두는 것만으로도 후에 법적인 문제가 생겼을 때 책임을 면할 수 있습니다.

3. 주택의 종류와 특징을 모르고 투자하면 큰일 날 수 있습니다

주택에 투자할 때는 건물의 종류와 특징을 잘 알아야 합니다. 내담자 중에는 이를 몰라서 큰 손해를 본 사례가 있습니다. 40대 후반의 여성분으로, 부평역 인근의 5층짜리 건물 꼭대기 층을 통으로 임대해 리모델링 후 고시원을 운영하려는 분이었지요. 이분이 전반적인 상황을 상담받으러 왔을 때, 건축물대장을 확인해봤습니다. 그랬던 한 층의 면적이 $298\,m^2$(약 90평)

이었습니다. 고시원은 2종 근린생활시설에 운영이 가능한데, 합법적으로 여기까지는 문제가 없었습니다.

그러나 위치를 확인하기 위해 인터넷에서 로드뷰로 건물을 확인한 순간, 큰 문제가 있음을 알게 됐습니다. 같은 건물 3층에 이미 고시원이 들어와 있었던 것이지요.

"혹시 여기 3층에도 고시원이 있나요?"

제발 아니기를 바라면서 물었지만, 고객은 너무도 흔쾌히 그렇다고 대답했습니다. 이게 어째서 문제가 되냐면, 고시원은 한 개 건물에 전체 면적이 $496\,m^2$(약 150평)까지만 허가되기 때문입니다.

말했듯이 그 건물은 한 층의 면적이 $298\,m^2$(약 90평)이었습니다. 그런데 이미 3층에 고시원이 있는 상황에서 이분까지 5층에 고시원을 차리면 총 $596\,m^2$(약 180평)이 되는 상황이었지요. 이렇게 되면 고시원 허가 자체를 받을 수 없게 됩니다. 이미 인테리어와 리모델링 비용으로 2억 원가량을 쏟아부었던 이분은 큰 손해를 볼 수밖에 없었지요.

또한, 주택의 종류에 따라 세금도 다르고 수익률도 다를 수밖에 없습니다. 그러니 그 종류와 특징을 잘 알아두는 것이 중요합니다.

주택은 크게 단독주택, 공동주택, 준주택으로 나눌 수 있습니다. 먼저 단독주택에는 단독, 다중, 다가구 주택이 포함됩니다. 공동주택에는 다세대, 연립, 아파트, 도시형생활주택 등이 있지요. 단독주택과 공동주택을 나누는 가장 큰 기준은 하나의 건물에 소유주가 한 명이냐 아니면 여러 명이냐 하는 점입니다. 또한 단독주택은 아무리 다가구라 하더라도 매매나 증여는 건물 전체를 통으로 해야 하는 반면, 공동주택은 세대나 동별로 나눠서 매매 및 증여가 가능합니다.

앞서 2부 3장 문제해결력 부분에서 빌라 하나를 통으로 사들여 호수별로 자녀들에게 증여하려 했던 50대 부부 사례, 기억나시나요? 안타깝게도 그분이 매입한 빌라는 다세대가 아닌 다가구 주택이라 호수별로 증여가 불가능했지요. 이 역시 주택의 종류와 특징을 몰라서 생긴 일이었습니다.

다음으로 준주택에는 고시원, 오피스텔, 노인복지주택 등이 있습니다.

여기서 알아야 할 것은 이런 총 열 가지의 세부 분류 중 우리가 투자할 만한 수익형 부동산은 총 여섯 가지라는 점입니다. 바로 단독주택 중 '다중 주택, 다가구 주택', 공동주택 중 '다세대와 도시형생활주택', 준주택 중 '고시원과 오피스텔'이 그

여섯 가지입니다.

각각의 특징과 세금, 수익률, 투자 방법 등을 설명하려면 책 한 권은 필요할 테니 여기서는 더 이상의 설명은 생략하겠습니다. 다만 주택의 종류를 모르면 큰 낭패를 볼 수 있다는 점, 그리고 우리가 투자할 만한 수익형 부동산은 어떤 것인가 하는 점만큼은 반드시 명심하기 바랍니다.

3단계: 플랜B 재테크

원하는
일을
지속하는 힘

1인 지식기업가가 되어
'평생 현역'의 길로

　행복 재테크 3단계는 '플랜B 재테크'입니다. 쉽게 말해 1인 지식기업가나 콘텐츠 창작자 등의 활동을 통해 '평생 현역'으로 일할수 있는 길을 닦는 것입니다. 이로써 '퇴직'에 대한 두려움 없는 안전장치를 마련하는 것이 목표지요. 저 역시 컨설턴트이자 강사, 마케터, 유튜버로서 활동하고 있는데, 모두 이에 해당합니다.

　또한 2단계인 부동산 재테크에 투자할 정도의 목돈이 없는 경우 3단계인 플랜B 재테크를 먼저 실행해 자금을 마련한 후 부동산에 투자하는 것도 좋은 방법입니다. 직장에 있는 동안 1인 지식기업가로서 활동할 기반을 닦는다면 퇴직 후에도 당장 먹고살 걱정에서는 벗어날 수 있고, 차차 자산을 마련해갈 수도 있으니까요.

중요한 건 1인 지식기업가로서의 준비는 가능한 한 회사에 다니는 동안 시작해야 한다는 점입니다. '회사 때문에 바쁘니 퇴직 후에 준비하겠다'는 생각은 버리세요. 바쁘면 시간을 만들어서라도 준비해야 합니다. 2부에서 설명한 시간 관리 노하우에 따라 아침에 한 시간 일찍 일어나고 주말을 잘 활용하는 것만으로도 충분합니다. 그것도 할 수 없다면, 냉정한 이야기지만 인생 2막의 행복은 포기해야 합니다. 1~3년간 조금 더 고생하더라도 인생 2막을 시간과 돈에 쫓기지 않으면서 살 것인가, 당장 편하자고 비참한 노후를 살 것인가. 선택은 당신의 몫입니다.

저 역시 빚을 갚고 새로운 사업을 하는 데 큰 힘이 된 것은 회사를 그만두기 전 3년간 틈틈이 공부한 공인중개사 자격증입니다. 소형주택 신축사업에서 예로 들었던 30대 여성은 누구보다도 바쁜 워킹맘이었음에도 부동산 투자자이자 1인 지식기업가로서의 기반을 다졌습니다. 지금은 유튜버로도 활동하고 있고, 자신의 경험을 바탕으로 책 출간까지 준비 중입니다. 부동산 재테크도, 플랜B 재테크도 회사에 있는 동안 준비해 퇴직 후에는 '실행'에 옮기고 있는 것이지요.

3부의 도입부에서 이야기한 염색기술 전문가였던 내담자 역시 마찬가지입니다. 퇴직을 1년 앞두고 준비한 자격증을 통해 지금은 공인중개사로서 월 300만 원 이상의 수익을 올리고 있습니다. 소형 원룸 신축 임대사업을 통해 부동산 재테크도 겸하고 있지요. 그리고 지금은 이런 경험들, 즉 '안정적이라 믿었던 직장에서 갑작스레 내몰리게 된, 은퇴 1년을 앞둔 직장인이 3년 만에 안정적인 인생 2막을 만든 경험'을 통해 유튜브 채널을 운영하기 위해 준비 중입니다. 퇴직이 1년도 채 남지 않은 상황에서도 단 3년을 투자해 젊은 시절보다 시간과 돈에서 자유로운 인생 2막을 연 것입니다.

분명 이런 질문을 하실 분들도 있을 겁니다.

"전 이미 퇴직을 했는데 어떻게 해야 합니까?"

이때도 기본적인 방법은 같습니다. 우선 1인 지식기업가로서 나아가야 할 방향을 정하세요. 그리고 딱 1년만 투자해보세요. 단, 이 1년은 공부하고 경험을 쌓는 기간이 될 수 있도록 경제적인 대비를 해두어야 합니다. 퇴직금을 탈탈 털고 지인들에게 돈을 빌려서라도 최소한 1년은 수입이 없어도 먹고살 수 있도록 자금을 마련해둔 후 1인 지식기업가가 되기 위한 준비를 하는 것이지요.

내담자 중에도 이런 상황인 분들이 적지 않은데, 이 방법은 항상 통했습니다. 그중에는 경영지도사 자격증을 따서 중소기업 전문 경영 컨설턴트로 평생 직업을 찾은 분도 있습니다. 큰돈을 벌지는 못하지만, 자녀를 모두 독립시킨 50대 후반 부부 둘이 살아가기에는 충분해 저축도 적지 않게 하고 있지요. 돈이 조금 더 모이면 소형 원룸에 투자해보고 싶다며 부동산 재테크에 대한 상담도 요청해온 상태입니다.

또한 증권사에서 20여 년을 일하다가 하루아침에 정리해고를 당한 40대 후반의 한 내담자는 저와의 상담을 통해 헤드헌터가 되기로 결심했습니다. 다른 내담자 중 헤드헌터로 오래 활동한 분이 있는데, 그분이 말한 헤드헌터의 가장 중요한 자질은 '한 분야에 뚜렷한 전문성이 있고, 영업력이 있으며, 성실한 사람'이었습니다. 그리고 앞서 말한 증권사 출신 내담자가 바로 이런 자질들을 두루 갖췄기에 제안해봤는데, 역시 특유의 성실함으로 금방 적응을 해내더군요. 지금은 여러 증권사를 단골 고객으로 둔 덕에 연 2억 원가량의 수익을 올린 적도 있다고 합니다.

대신 이런 경우라면 주변 사람들, 특히 가족들에게 상황을 잘 이해시켜야 합니다. 자녀들에게 지원이 불가하다는 것을 알리고, 아내나 남편에게 늦은 나이지만 공부를 해야 한다는 점과 한동안 수입이 없을 것임을 이해시키고 동의를 구해야 하지요. 당장 돈을 벌어야 한다는 생각에 말 그대로 아무 일이나 찾아서 하는 것은 시간만 죽이는 꼴입니다. 이는 빚에 쫓기던 40대 초반에 겪어본 경험자로서 하는 말이니 새겨두시기 바랍니다.

3단계 플랜B 재테크에서 반드시 갖춰야 할 다섯 가지 역량

1인 지식기업가와 콘텐츠 창작자. 이 둘에는 몇 가지 공통점이 있습니다. 우선 '자신만의 콘텐츠'가 있어야 하고, 이를 '출력'하는 과정이 필수로 동반되어야 합니다. 그러므로 플랜B 재테크에 있어서 갖춰야 할 역량들 역시 이와 관련이 있습니다.

첫째, 경쟁력 있는 콘텐츠를 갖추세요. 이는 플랜B 재테크의 기본입니다. 1인 지식기업가가 되어 강의를 한다고 생각해보세요. 누구나 할 수 있는 이야기를 누구나 할 수 있는 방식으로 전달한다면 경쟁력이 있을까요? 유튜버가 되어 영상을 만든다고 생각해보십시오. 아무리 유튜브가 진입장벽이 낮다고는 하지만, 흔하디흔한 콘텐츠로 비집고 들어가 봐야 살아남을 수 없지 않을까요? 특히 유튜브는 크리에이터의 수가 1만 명을 넘었다고 합니다. 그래서 더욱더 나만의 차별화된 콘텐츠를 갖추는 것이 중요합니다.

둘째, 마케팅 능력과 SNS 활용 능력입니다. 마케팅의 중요성은 아무리 강조해도 부족하지 않습니다. 아무리 좋은 상품도 광고 없이는 팔리지 않는 시대인 만큼 '나'를 팔 수 있어야 합니다. 특히 요즘은 SNS를 활용한 마케팅을 할 줄 알아야 합니다. 어렵다고 생각하지 말고 차근차근 SNS 활용 능력을 키워보시기 바랍니다.

셋째, 나만의 책을 쓰세요. 한 분야의 전문가로 인정받는 방법이자 그 분야의 전문가가 되는 가장 좋은 방법이 바로 책을 쓰는 것입니다. 책이란 한번 쓰면 평생 남는 것이기에 허투루 쓸 수 없고, 그렇기에 쓰는 과정에서 수많은 준비와 공부가 뒤따르게 됩니다. 실제로 주위에서 책을 낸 저자들은 하나같이 책을 쓰는 동안 자신의 지식과 노하우를 일목요연하게 정리할 수 있었고, 새로운 지식들도 알게 됐다고 했습니다. 저 역시 지금 책을 쓰면서 그런 경험을 하고 있지요.

넷째, 글쓰기 능력을 갖춰야 합니다. 이는 사실 앞선 세 가지 역량을 발휘하는 기본기이기도 합니다. 나만의 콘텐츠가 있다 해도 이를 글로 정리할 줄 알아야 하고, SNS 마케팅 또한 글을 통해 진행되는 경우가 많습니다. 책 쓰기와의 연관성이야 말할 필요도 없겠지요.

마지막으로 스피치와 강의력도 중요한 역량입니다. 사실 앞의 역량들을 골고루 갖추고 활용하게 되면 많은 곳에서 강의 요청이 들어오게 되어 있습니다. 강의 수입도 하나의 재테크 수단이 되는 것은 물론이고, 이를 통해 또다시 나를 홍보하는 선순환의 일어나기에 강의는 중요합니다. 그리고 당연히 스피치 능력이 뒷받침되어야 좋은 강의를 할 수 있지요.

플랜B 재테크에서 반드시 갖춰야 할 역량 다섯 가지
- **첫째, 나만의 콘텐츠**
- **둘째, 마케팅 능력과 SNS 활용 능력**
- **셋째, 나만의 책 쓰기**
- **넷째, 글쓰기 능력**
- **다섯째, 스피치와 강의력**

나만의 콘텐츠를
갖추는 법

1인 지식기업가 또는 콘텐츠 창작자로 살아가기 위해 가장 먼저 갖춰야 할 것은 바로 '남들과 차별화된 나만의 콘텐츠를 갖는 것'입니다. 말하자면 이러한 콘텐츠야말로 플랜B 재테크에서 가장 핵심이자 본질이고, 앞서 말한 나머지 역량들은 이를 어떻게 표현하고 알리느냐 즉, 기술적인 문제라고 볼 수도 있습니다.

그런데 여기서 많은 분들이 '벽'에 막힙니다.

"저는 너무 평범한 사람이라 콘텐츠라고 할 만한 게 없는데요."

내담자들이 가장 많이 하는 말 중 하나입니다. 하지만 2부에서도 말했듯이 우리 모두는 아직 세공하지 않은 보석의 원석입니다. 특히 4050세대라면 최소한 40년 이상 살아온 삶이 있고, 길게는 30여 년간 일해온 경험이 있습니다. 그만큼 가진 콘텐츠가 다양하다는 뜻입니다.

희망적인 이야기를 좀 하자면, 흔히 전문가 입장에서는 별것 아니라 여기는 것들도 비전문가에게는 유용한 콘텐츠가 될 수 있다는 것입니다. 더구나 하나하나만 놓고 보면 그다지 큰 힘을 갖기 힘든 요소들도 합쳐지면 차별화된 콘텐츠가 됩니다. 제가 진행하는 컨설팅과 마케팅 강의, 유튜브 콘텐츠도 모두 그런 결과물입니다.

부동산 투자자이자 컨설턴트로서, 마케터로서, 유튜버로서 다소 부끄러운 이야기를 하나 하겠습니다. 세상에는 저보다 뛰어난 부동산 투자자도 많고, 컨설팅에 능한 사람도 많습니다. 또한 세계적인 대학교와 대학원에서 공부한 박사 또는 대기업에서 탄탄하게 실무를 쌓은 진짜 마케팅 전문가도 넘쳐납니다. 저보다 말도 잘하고 콘텐츠를 재미있게 만들 수 있는 유튜버도 셀 수 없을 정도지요.

하지만 저는 투자자로서, 컨설턴트로서, 마케터이자 마케팅 강사로서, 유튜버로서 짧은 기간에 성공을 거두었습니다. 누구보다 전문성이 뛰어나서가 아니라 경험과 지식을 결합해 차별화와 리포지셔닝에 성공한 덕이지요. 제 경험에 비추어 예전의 나와 같은 초보는 어떻게 설명해야 마케팅을 쉽게 이해할 수 있을지를 고민했기에 마케팅 강사이자 컨설턴트로서 차별화할 수 있었습니다. 젊은 시절과 달리 인생 2막은 경제적 자유를 찾은 경험이 있기에 '은퇴 이후를 준비하는 4050 직장인'에 맞춰 컨설팅을 할 수 있게 됐습니다. 마찬가지로 저와 같은 중년층의 입맛에 맞는 유튜브도 선점하게 됐지요.

여기서 무기가 되어준 것은 단 세 가지였습니다. 퇴직 3년 전부터 준비한 공인중개사 자격증, 마흔셋이 되던 해부터 시작한 독서와 마케팅 공부, 자신감. 나머지는 실행의 문제일 뿐입니다.

——— '나'를 팔아야 하는 시대에 마케팅 능력은 필수 ———

차별화된 나만의 콘텐츠가 갖춰졌다 해도 이를 알리지 않으면 소용없습니다. 마케팅은 심지어 부동산 재테크와도 관련이 있지요.

제게 상담을 받은 분 중 남편과 사별하고 딸과 단둘이 살아오던 40대 후반의 내담자가 있습니다. 그분은 힘든 상황에서도 성실하게 일하고 저축했으나 방 두 칸짜리 낡은 빌라와 약간의 현금만이 재산의 전부였습니다. 점점 일자리 찾기도 쉽지 않은 상황에서 딸이 대학에 입학한 터라 걱정이 이만저만이 아니었지요.

제가 그분의 상황에 맞춰 제시한 것은 입지가 좋지 않아 무척 싸게 나온 고시원으로 부동산 재테크를 하는 것이었습니다. 그 고시원이 망해가는 이유가 비단 입지의 문제만은 아니었기에 나머지 문제들만 해결된다면, 건물이 워낙 싸게 나온 만큼 승산이 있다고 본 것이지요.

이분은 제안을 받아들여 우선은 집을 반지하 원룸 월세로 옮겼습니다. 그렇게 마련한 돈으로 건물을 매입한 뒤, 비용을 아끼기 위해 도배와 청소, 페인트칠 같은 내부 리모델링을 직접 했지요. 여기에 다른 고시원들과 확실히 차별화될 수 있는 '식사 제공'이라는 무기를 더했습니다. 같은 가격이면 입지가 조금 불편하더라도 식사가 제공되는 곳으로 몰릴 것이라는 게 고시원 생활을 오래 해본 제 생각이었습니다. 실제로도 반응이 매우 좋았지요.

그러나 이런 뜨거운 반응을 얻기 위해서는 한 가지가 더 필요했습니다. 바로 '이렇게 저렴하고 좋은 고시원이 입주자를 찾는다'는 사실을 알려야 하는 것이었지요.

이 문제는 대학생인 딸이 해결해주었습니다. 고시원을 찾는 사람들에 맞춰 블로그와 SNS를 통해 홍보할 수 있도록 몇 가지 방법을 알려주었더니 젊은 사람답게 금방 배우더군요. 마치 신축 건물 같은 느낌을 줄 수 있도록 내부 리모델링이 된 사진들을 꼼꼼히 찍었고, 주변에 편의시설이 부족한 점은 '동네가 조용해 공부하기에 좋다'는 장점으로 승화시켰습니다. 또한 '식사 제공'이 된다는 점을 제목에서부터 부각시켜, 대체로 경제 상황이 좋지 않은 고시원 입주자들의 이목을 끄는 데 성공했습니다.

이렇듯 마케팅이 성패를 좌우하는 시대입니다. 특히 직장에 소속되지 않은 1인 지식기업가라면 스스로를 팔 줄 알아야 하지요. 그리고 제가 가장 강조하는 것이 바로 SNS 마케팅입니다. 이 흐름이 언제까지 이어질 것인지 장담할 수는 없지만, 현재는 SNS와 유튜브를 통한 마케팅이 가장 강력하기 때문이지요. 더구나 4050세대라면 더더욱 SNS 마케팅으로 눈을 돌려야 합니다. 왜냐고요? 이미 SNS에 익숙한 2030과 달리 4050이 취약점을 보이는 부분이기에 조금만 관심을 기울여도 부각될 수 있기 때문입니다. 그보다 더 중요한 이유는, 여론에서의 조사 결과에 따르면 4050세대도 점점 SNS 활동이 커지고 있는 데다 현재의 30대가 머지않아 40대가 될 것이기 때문이지요.

저 역시 SNS 마케팅 덕에 남들보다 빨리 자리를 잡을 수 있었습니다. 2부에서 설명했듯이 부동산 중개업을 할 때 접한 블로그 마케팅에 그간 공부한 마케팅 지식을 더해 큰 성공을 거둔 바 있습니다. 이 경험을 살려 처음 컨설팅 사업을 시작할 때는 블로그와 인터넷 카페를 중심으로 홍보를 시작해 큰 효과를 보기도 했지요.

이후 페이스북과 인스타그램 마케팅도 시작하게 됐습니다. 많은 정보를 담는 데 주력했던 블로그나 카페와는 달리 페이스북에서는 많은 사람들과 소위 '페친(페이스북 친구)'을 맺는 데 주력했습니다. 좀 더 커뮤니티의 폭을 넓히는 데 집중한 것이지요. 블로그처럼 재테크나 컨설팅을 받기 위해 검색해서 들어오는 사람들이 아니기 때문에 개인적인 생각이나 이야기들을 풀어놓음으로써 유대감을 갖게 하는 것이 중요합니다. 인스타그램에서는 저의 일상이나 가족, 제가 키우는 강아지, 요즘 읽고 있는 책 등의 사진을 담는 공간으로 활용하고 있지요. 인스타그램의 특성상 글은 거의 쓰지 않고, 만약 글로 뭔가를 알리고 싶다면 노트에 손 글씨로 써서 사진으로 찍어서 올립니다. 서예의 일종인 켈리그라피가 취미 중 하나인데, 취미생활을 겸할 수 있어서 일석이조입니다.

이쯤이면 이런 질문을 하실 수도 있겠네요.

"그냥 커뮤니티를 넓히고 일상 사진이나 올리는 페이스북과 인스타그램이 어떻게 마케팅이 될 수 있습니까?"

물론 그 자체만으로는 힘이 없을 수 있습니다. 하지만 직접적으로 "이걸 사세요"라고 광고하는 것만이 마케팅은 아닙니다. 2부에서도 말했듯이 마케팅은 하나씩 쌓아가는 과정에 가깝지요. 그래서 블로그 마케팅에서도 상품 홍보보다는 유용한 부동산 정보와 지식 위주로 글을 쓴다고 했던 것입니다. 마찬가지로 페이스북과 인스타그램에서는 사람들과의 커뮤니티를 형성하고 유대감을 쌓는 데 주력하지만, 그 과정에서 제가 어떤 사람인지를 알게 됩니다. 더구나 방송에 출연한 경험과 강사로서 강의를 하는 모습, 언론에 보도된 저의 기사 등도 일상 속에서 공유하게 되니 '대놓고' 홍보하지 않아도 큰 효과가 있는 것이지요.

마케팅에 대한 이야기는 자세히 하자면 책 몇 권을 써도 부족할 테니 더 이상의 설명은 생략하겠습니다. 다만 모든 것을 혼자 해야 하는 1인 지식기업가에게 마케팅 능력은 필수라는 것, 마케팅은 시대의 흐름에 따라 채널부터 방법까지 달라져야 하므로 끊임없이 관심을 기울이고 공부해야 한다는 것만은 명심하세요. 그리고 2부에서 정리한 추천도서 리스트의 책들을 중심으로 마케팅 능력을 키워나가시기 바랍니다.

글쓰기와 책 쓰기에는 은퇴란 없습니다 ———

나만의 콘텐츠를 만들어 1인 지식기업가가 되고 적절히 마케팅을 할 때 평생 은퇴 걱정 없이 살 수 있다는 점은 이제 이해하셨을 겁니다. 하지만 아무리 차별화되는 콘텐츠와 마케팅 지식이 있고, 강의를 하기에 충분한 지식과 경험이 있다 해도 글쓰기 능력이 없다면 모든 것이 수포로 돌아갈 수 있습니다.

글쓰기를 잘해야 하는 이유는 명확합니다. 현대 사회에서는 글쓰기가 곧 돈과 직결되기 때문입니다. 즉, 경제적 자유를 위한 필수적인 역량이라 할 수 있습니다. 특히 1인 지식기업가에게는 더더욱 그렇지요. 직장에서도 보고서를 잘 써야 더 인정받듯이, 1인 지식기업가도 글을 잘 써야 나를 더 잘 홍보할 수 있고, 강의에 앞서 강의안을 잘 만들 수 있으며, 책도 쓸 수 있으니까요. 유튜브 영상 하나를 만들 때도 미리 글로 정리하는 과정이 필수입니다.

저는 원래 글을 잘 쓰는 사람도, 말을 잘하는 사람도 아니었습니다. 직장인 시절에도 남들은 한두 시간이면 쓰는 보고서 하나를 쓰려고 밤샘을 한 적이 한두 번이 아닙니다. 심지어 그렇게 열심히 쓰고도 상사들에게 혼이 나기 일쑤였지요.

블로그 마케팅을 처음 접했던 40대 중반에도 글을 못 써서 고생이 이만저만이 아니었습니다. 그나마 이 부분은 유능한 사람에게 일대일로 6개월간 배웠기 때문에 어느 정도 할 수 있게 됐으나, 글쓰기는 여전히 저에게 너무나도 높은 장벽이었습니다.

저는 이런 벽에 부딪힐 때마다 책을 통해 돌파구를 찾습니다. 그래서 글을 잘 쓰고 싶어졌을 때도 책을 닥치는 대로 읽었지요. 글쓰기 관련 책은 정말 많았고, 각 책마다 여러 가지 방법을 소개하고 있습니다. 그런데 모두 읽고 직접 해보니 정말 효과적인 방법은 세 가지로 요약이 가능했습니다.

첫째, 매일 쓸 것
둘째, 관찰할 것
셋째, 책을 많이 읽을 것

우선 하루 10분이라도 '매일' 글을 써보세요. 이때 '잘 써야겠다'는 욕심은 버리는 것이 좋습니다. 글쓰기 능력을 타고난 사람이나 글쓰기에 익숙한 사람이 아니라면 처음부터 잘하는 것은 무리니까요. 괜히 자기 글에 실망하지 않으려면, 처음에는 못 쓰는 게 당연하다는 것을 인정하고, 문맥이나 문장력, 맞춤법 같은 건 신경 쓰지 않는 편이 좋습니다. 그냥 백지를 한 장 펼쳐놓고 마음 내키는 대로, 하루 10분에서 30분 정도 써보기를 권합니다. 이어질 두 가지 방법과 합쳐지면, 아마도 몇 개월 후면 술술 써내려가게 될 겁니다.

다음으로는 '관찰'을 잘해야 합니다. 인생 2막을 대비하려면 블로그를 비롯한 여러 SNS 채널 등을 통해 매일 글을 써야만 합니다. 그런데 그 소재를 찾기란 쉬운 일이 아니지요. 하지만 조금만 더 일상에 관심을 두고 관찰한다면 이런 소재를 찾는 것도 어렵지만은 않습니다. 저 역시 인터넷과 TV, 신문, SNS 등을 통해 소재를 찾아냅니다. 때로는 대화 중에 소재를 찾아내기도 하지요. 실제로 제가 유튜브에 올리는 영상 대부분은 이렇게 찾아낸 소재를 바탕으로 마치 스케치하듯 글을 먼저 쓰고 이후에 영상을 촬영해 제작하는 것입니다.

예를 들어, 2018년 여름 무렵에 보유세(재산세, 종합부동산세) 개편안이 큰 이슈가 됐을 때는 이에 관련한 영상을 만들었습니다. 또는 모처럼 만난 친구들이 하나같이 '50대가 되니까 건강이 예전 같지 않다'고 푸념하는 것을 듣고는 건강 관련한 영상을 주기적으로 올리고 있지요. 부동산 관련해서는 내담자들이 가장 많이 묻는 것들을 따로 정리해뒀다가 영상도 만들고 다음 상담에서 반영하기도 하며, 강의안에도 포함시킵니다. 이처럼 관찰만 잘해도 콘텐츠는 무궁무진하게 나오는데, 이것들이 다 글쓰기의 소재가 되고, 또 나중에는 이 소재들이 서로 연결되어 시너지를 내기도 합니다.

마지막으로 많은 책을 잘 읽기만 해도 글쓰기에 큰 도움이 됩니다. 본래 아는 만큼 보이게 되어 있고, 아는 만큼 말할 수 있는 법입니다. 많은 책을 읽다 보면 많은 것을 알게 되고, 그럼 내 글을 쓸 때도 더 쉽게, 더 풍성하게 쓸 수 있지요. 단, 이때 독서는 능동적으로 해야 합니다.

'저자는 왜 이런 말을 했을까?'
'이건 무슨 뜻이지?'
'이 주장은 내 생각과 좀 다른데?'

이런 질문과 생각을 끊임없이 해가며 책을 읽어야 합니다. 그래야 생각하는 힘을 기르고, 저자의 의견에 반박하면서 자연스럽게 내 생각을 정리하는 연습을 할 수 있습니다. 이때 이렇게 생겨난 의문점이나 나의 의견들을 책 귀퉁이에 써보세요. 그것만으로도 글쓰기 연습이 될 테니 일석이조라 할 수 있습니다.

참고로 이 세 가지 방법은 서로 합쳐졌을 때 더욱 효과적입니다.

"많이 읽고 생각하는 힘이 길러진 상황에서
관찰을 통해 소재를 찾아내고
이를 매일 글로 쓰는 연습을 한다."

저도 실제로 이렇게 연습했더니 수강생들의 좋은 강의 평가, 1년 반 만에 30만 명의 구독자가 생긴 유튜브, 지금 읽고 있는 이 책으로까지 연결될 수 있었습니다. 이보다 확실한 증거가 있을까요?

4050 크리에이터를 위한
성공 시크릿

4050이 2030보다 유튜버로 성공하기 유리한 이유

플랜B 재테크는 기본적으로 1인 지식기업가로서 강의와 컨설팅을 위주로 평생 직업을 찾는 방법이지만, 여기서 한 단계 더 나아간 것이 책 쓰기와 콘텐츠 창작자입니다. 특히 몇 년 전부터 유튜브가 큰 인기를 끌면서 흔히 '유튜버'라고 하는 콘텐츠 크리에이터가 각광받고 있습니다. 유명 유튜버들은 온갖 방송에 출연하고 책을 내서 베스트셀러 작가가 되고 있으며, CF에도 심심찮게 등장합니다. 학생들을 대상으로 실시하는 직업 선호도에서도 몇 년째 1, 2위를 다투고 있지요.

그리고 감히 말하건대 그토록 많은 관심을 받고 인기 직업으로 떠오른 유튜버가 되기에 가장 유리한 세대는 20대도, 30대도 아닌, 바로 40대와 50대입니다. 단순히 제가 50대에 유튜버로서 자리를 잡았다는 것만 가지고 일반화하려는 건 아닙니다.

우선 우리나라의 인구구조가 변화하면서 40대 이상의 인구가 늘어나고 있는 추세입니다. 통계청이 제공한 자료에 따르면 지금의 추세가 유지될 경우 2025년이면 40대 이상의 인구가 40대 미만의 두 배에 이르게 됩니다. 그러니 지금 당장도 그렇지만 앞으로를 생각하더라도 40대 이상을 겨냥한 콘텐츠의 수요가 커질 것입니다.

다음으로는 유튜브 시청자의 연령대 역시 변화하고 있습니다. 불과 몇 년 전까지만 해도 50대 이상은 온라인 시장에서 소외 계층에 가까웠습니다. 하지만 최근 몇 년 사이에 50대 이상의 실버 세대가 유튜브 시장으로 대거 유입됐습니다. 실제로 지하철에서 50대 이상이 스마트폰으로 유튜브 영상을 시청하는 모습을 흔히 볼 수 있습니다. 또한 앱분석 업체인 와이즈앱이 발표한 자료에 따르면, 전 연령대에서 유튜브 사용 시간이 급증해 2018년에는 40대의 유튜브 사용 시간은 38억 분으로 다른 연령대와 동일하게 네이버를 제치고 1위를 차지했습니다. 심지어 2019년 9월에는 50대가 10대와 20대에 이어 유튜브를 가장 오래 사용하는 세대로 떠올랐습니다.

마지막으로, 활동 중인 유튜버 중 4050세대는 드물어 30대 이하의 유튜버보다 경쟁이 훨씬 덜합니다. 실제로 많은 기업에서 40대 이상의 고객을 대상으로 한 콘텐츠를 제공할 유튜버를 찾지만, 그런 사람이 많지 않다고 합니다. 그래서인지 '인생 2막을 위한 부동산 콘텐츠'를 제공해달라는 제안이 저에게 하루에도 몇 건씩 들어오고 있는 상황입니다.

그러니 1인 지식기업가로서 지식과 경험이 쌓였다면 자신감을 가지고 유튜버로서의 활동을 시작해보세요.

4050 중년층이 유튜버로 성공하기 위한 5단계

제가 그렇게 유튜버를 시작해보라고 권해도 막상 시작하는 분은 많지 않습니다. 이런 분들을 위해 제가 유튜버로서의 삶을 시작하고 지금까지 자리를 잡아온 과정을 5단계로 나눠서 설명해보려 합니다. 이는 유튜버로서만이 아니라 1인 지식기업가로서도, 나아가 인생을 살아가는 한 사람으로서도 제가 유용하게 사용하는 절차이기도 합니다.

1단계, 배우는 시기

저 역시 처음에는 영상을 촬영한다는 게 낯설었습니다. 더구나 유튜브가 뭔지도 잘 몰랐고, 영상을 편집하는 방법도 몰랐지요. 그럼에도 유튜버가 되기로 결심한 상황이었기에 일단 관련된 책들을 찾아서 읽고 강의도 들었습니다. 물론 배운 것들을 잘 정리하고 복습하는 것도 잊지 않았지요.

2단계, 행하는 시기

앞에서 배운 것들이 있다 해도 직접 해보지 않으면 아무 소용이 없겠지요? 그래서 저는 일단 배운 대로 해봤습니다. 책과 강의에서 추천한 조명과 카메라, 녹음기 등을 사서 영상을 촬영하고 편집 프로그램을 이용해 배운 대로 편집도 해봤지요. 당연히 처음에는 매우 어색했고 힘들었습니다. 그래서 다음 단계가 필요합니다.

3단계, 몸에 익히는 시기

운전을 처음 했을 때를 떠올려보세요. 아마 손이 하얗게 되도록 핸들을 꼭 쥐고 앞만 보면서 운전했을 겁니다. 긴장감 때문이지요. 하지만 익숙해지면 옆 차선 상황도 살피고 내비게 이션의 안내도 잘 들리게 되며, 옆 사람과 대화까지 하면서 운전할 수 있게 됩니다. 이처럼 무엇이든 반복하면 익숙해지고 자유자재로 할 수 있는 시기가 옵니다. 저 역시 유튜브 영상 촬영과 편집 등에 익숙해질 때까지 3개월 정도 걸렸습니다. 다시 한번 말하지만, 단무지 법칙에 따라 지속적으로 하는 게 중요합니다.

4단계, 타인에게 가르치는 시기

가르치는 것은 행하는 것보다 훨씬 더 전문성을 요합니다. 또한 누구에게 가르치는 것이야말로 가장 큰 공부라고 합니다. 그러니 무슨 일이건 어느 정도 전문성이 생겼다는 생각이 든다면 다른 사람에게 그 일에 대해 강의를 해보세요. 그 과정에서 많은 것을 배우게 됩니다. 저는 유튜버 되는 법에 대한 컨설팅도 진행하고 있는데, 이는 저도 놓치고 있던 것들을 하나씩 되짚어보는 계기가 되고 있습니다.

5단계, 스스로 평가하고 개선하는 시기

무언가를 했으면 평가하고 부족한 부분을 개선해나가야 경쟁력을 잃지 않을 수 있습니다. 그래서 저는 일부러 오래전의 제 영상들을 다시 보곤 합니다. 자기 자신이 나오는 영상이라서 더 어색하기도 하지만, 객관적으로 보더라도 고쳐야 할 부분들이 눈에 띕니다. 말이 너무 빠를 때도 있고, 발음이 조금 새는 경우도 있습니다. 같은 말을 반복하기도 하고요. 이런 부분은 잘 체크해뒀다가 다음에 영상을 만들고 편집할 때는 같은 실수를 반복하지 않으려 노력합니다. 그리고 다른 사람들에게도 수시로 제 영상을 보여주고 피드백을 받습니다. 물론 업로드한 영상의 댓글도 확인하지요.

초반에는 3분도 안 되는 영상이 있었는데, 너무 짧아서 내용이 부족하다는 의견이 많아 이를 반영했습니다. 그랬더니 20분이 넘는 영상들도 생겨났는데, 이제 반대로 너무 길어서 끝까지 보기 힘들다는 의견들이 많았지요. 덕분에 지금은 10분 내외로 제가 하고자 하는 이야기들을 전달하는 데 익숙해졌고, 더 이상 영상 길이에 대한 개선 요청은 들어오지 않고 있습니다.

어쩌면 지금 말씀드린 5단계가 너무 뻔하고 식상해 보일 수도 있습니다. 하지만 저 역시도 이 5단계를 거쳐 효과를 보았으니 그만큼 확실하고 검증이 된 과정이기도 합니다. 그러니 플랜B 재테크의 역량들을 고루 갖추고 1인 지식기업가로서 경험이 쌓이기 시작했다면, 더 늦기 전에 이 5단계 과정에 따라 유튜버로서의 활동도 시작해볼 것을 권합니다.

4단계: 플랫폼 재테크

사람과 시스템이
나 대신
일하게 하는 힘

————— 플랫폼, 한번만 잘 만들어두면
상당한 수익이 창출됩니다 —————

행복 재테크 4단계는 바로 '플랫폼 재테크'입니다.

플랫폼platform의 본래 의미는 기차에서 승객이 타고 내리는 승강장이라는 의미입니다. 그러나 비즈니스에서는 의미가 확장되어 사용되고 있지요. 제품 또는 서비스 등의 상품을 제공하는 생산자와 그 상품을 필요로 하는 사용자를 연결해주는 물리적·비물리적 공간을 뜻합니다. 전통적으로는 백화점도 플랫폼 사업을 하는 곳이라 할 수 있고, 온라인에서는 G마켓이나 아마존AMAZON.COM 등이 플랫폼 사업을 하고 있지요. 앱 개발자들과 아이폰 이용자들이 앱을 사고팔 수 있는 앱스토어를 운영하는 애플 또한 플랫폼 사업을 하고 있는 것입니다. 유튜브도 마찬가지입니다. 유튜브 측에서는 영상을 직접 만들어 방송하는 게 아니라 여러 사람이나 기업이 각자 영상을 올리고 시청자들이 이를 볼 수 있는 '판'만 깔아주고 있지요.

쉽게 말해 플랫폼 비즈니스란 수요자와 공급자가 거래할 수 있는 일종의 생태계, 즉 판을 만들어두고 수수료나 광고 수익을 받는 사업을 말합니다. 2단계 부동산 재테크가 '돈이 돈을 일하게 하는' 것이라면, 플랫폼 재테크는 '다른 사람이 나를 위해 일하게 하는' 셈이지요. 3단계까지만 완성해도 부동산 수익에 더해 1인 지식기업가로서 평생 은퇴 없이 일할 수 있는데, 왜 쉽지도 않은 플랫폼 재테크까지 해야 하는 걸까요?

이유는 간단합니다. 우선 갑자기 일을 할 수 없는 상황이 올 수도 있고, 부동산 투자는 목돈이 필요한 데다 자칫하면 수익이 떨어질 수 있기 때문입니다. 예를 들어 갑자기 불의의 사고라도 당하면 강의도, 컨설팅도 할 수 없겠죠? 또는 기껏 목돈을 만들어서 건물을 매입했는데 지역 자체의 땅값이 떨어질 수도 있습니다.

반면 플랫폼 재테크는 '남이 나를 위해 일하는 시스템'이기 때문에 내가 일할 수 없는 상황이 되더라도 수익이 끊이지 않고, 일단 잘 만들고 관리만 제대로 하면 가치가 떨어질 일도 없습니다. 그러니 불확실한 세상에서 안정적이고 꾸준한 수익을 원한다면 플랫폼 재테크만큼 확실한 것도 없지요. 더구나 플랫폼 사업은 수익성이 매우 높습니다. 처음에 판을 만들기가 어려울 뿐이지 일단 만들어두기만 하면 별다른 시간과 노력을 쏟지 않아도 상당한 수익을 올릴 수가 있습니다.

사실 고백하자면, 저 역시 4단계와 5단계는 완전히 이루었다고 할 수준은 아닙니다. 조금 더 준비가 필요한 상황이지요. 단, 플랫폼 재테크는 마음만 먹으면 당장이라도 유튜브를 이용해서 실행할 수 있습니다. 다만 제가 원하는 플랫폼, 제가 원하는 정도의 영향력을 행사하려면 조금 더 시간이 필요할 뿐입니다.

——— 4단계 플랫폼 재테크에서 반드시 갖춰야 할 세 가지 역량 ———

플랫폼 재테크에서 필요한 역량은 크게 세 가지입니다. 홈페이지나 SNS를 잘 만들고 관리할 줄 알아야 하고, 플랫폼을 구축 및 운용할 수 있어야 하며, 조율이나 협상 등의 비즈니스 능력이 좋아야 합니다. 하나씩 살펴보겠습니다.

첫째, 홈페이지 또는 SNS 구축 능력이 필요합니다. 개인이 시도하기에 좋은 플랫폼은 온라인을 활용하는 것입니다. 온라인 플랫폼은 잘 구축해놓으면 사람을 모으는 것도 상대적으로 쉽고, 관리도 편하며, 24시간 내내 운영할 수 있으니까요. 홈페이지가 아니더라도 개인 블로그나 SNS, 유튜브 등을 활용할 수도 있어 접근성도 좋습니다. 물론 사용자 입장에서 편리하게 만들고, 그들이 원하는 정보를 이용하여 많은 사람을 끌어모을 수 있어야 하지요.

둘째, 플랫폼 구축 및 운용 능력을 갖춰야 합니다. 만약 내가 직접 물건을 판다면 영업 능력이, 서비스를 제공한다면 전문성이 중요하겠지만, 플랫폼 재테크에서 필요한 능력은 좀 다릅니다. 플랫폼을 구축하려면 기본적으로 사람들의 욕구를 잘 파악해야 합니다. 사람과 사람을 연결하는 일인 만큼 공급자와 수요자의 심리를 잘 파악하고 이들을 연결시킬 수 있어야 하지요.

마지막으로 비즈니스 능력이 필요합니다. 여기서 비즈니스 능력에는 조율과 관리, 협상력 등이 포함됩니다. 구매자와 판매자가 모이면 서로 조금이라도 이득을 보려 할 테니 당연히 이를 조율할 수 있어야겠지요. 또한 자신이 어느 정도의 수수료를 받아야 할지도 잘 판단할 수 있어야 하고요. 사람들이 모이는 곳인 만큼 관리할 것들이 매우 많을 수밖에 없습니다. 그러니 관리자로서의 능력이 필요하지요. 그리고 판매자와 구매자 양쪽이 이 플랫폼을 이용하도록 협상도 할 수 있어야 합니다.

앞선 역량들이 갖추기 쉬운 것들이라고는 할 수 없지만, 한 가지 희망적인 이야기를 하자면 2030세대보다 4050세대가 유리하다는 것입니다. 왜일까요? 꼭 사업을 하지 않더라도 살다 보면 무언가를 조율하고, 관리하고, 협상할 일은 많습니다. 게다가 4050세대가 구매자와 판매자 양쪽 입장에서 거래를 해본 경험도 더 많을 수밖에 없으니 양쪽의 심리를 더 잘 알게 마련이지요. 한 가지, 홈페이지나 SNS를 만들고 운용하는 능력은 다소 부족할 수 있는데, 이는 해보면 금방 익숙해지니 걱정할 것 없습니다.

플랫폼 재테크에서 반드시 갖춰야 역량 세 가지

- 첫째, 홈페이지 또는 SNS 구축 능력(사용자가 편리하게 활용할 수 있도록 관리)

- 둘째, 플랫폼 구축 및 운용 능력(공급자와 수요자의 심리 파악)

- 셋째, 비즈니스 능력(조율과 관리, 협상력)

── 성공의 핵심은 거래 당사자들을 만족시키는 것입니다 ──

당연한 이야기지만, 거래는 당사자들이 모두 만족할 때 최상의 결과가 나옵니다. 그런데 모든 거래는 관계자가 많을수록 손해를 보는 사람도 많아지게 마련입니다. 서로 이득을 보려고 하니 참여자가 많을수록 서로의 이득이 상충하는 경우도 생겨나는 것이지요.

플랫폼은 관계자를 크게 셋으로 볼 수 있습니다. 판매자, 구매자, 플랫폼 소유자가 그들이지요. 일대일 거래에서도 양쪽 다 만족하기는 쉽지 않은데 더군다나 셋 다 만족한다는 건 쉬운 일은 아닙니다. 그렇기에 앞서 판매자와 구매자의 욕구와 니즈needs를 잘 파악해 판을 벌일 수 있어야 한다고 한 것입니다.

그런데 잊지 말아야 할 것이, 플랫폼 비즈니스에서는 '나의 수익'을 먼저 따져서는 안 된다는 점입니다. 구매자와 판매자의 만족도를 높이는 데 주력하면 거래가 늘어날 것이고, 당연히 내가 받을 수수료도 커질 거란 사실을 믿어야 합니다. 물론 내 수수료가 낮을수록 구매자와 판매자의 만족도는 커지겠지만, 그렇다고 한없이 낮출 수는 없으니 이를 잘 조율하는 능력이 관건이라 하겠습니다.

재능거래 사이트를 예로 들어보겠습니다. 이곳은 사람들이 서로의 '재능'을 사고팔 수 있는 온라인 플랫폼입니다. 우선 누군가가 '판매자'로서 자신의 재능, 이를테면 '영어 번역'이라는 재능을 자신의 이력 등과 함께 올립니다. 그리고 작업에 필요한 기간, 비용 등을 등록하지요. 이제 영어 번역이 필요한 사람이 '구매자'로서 재능거래 사이트에서 판매자들을 찾아보고, 그중 이력과 비용, 일정 등이 맞는 사람에게 의뢰를 합니다. 서로 세부적인 사항이 정해지면 구매자는 비용을 결제하고, 이 비용은 판매자가 작업을 마치면 판매자에게 입금됩니다. 물론 플랫폼 제공자 측에서는 그 비용의 일부를 수수료로 가져가지요.

이 과정에서 만족하지 못하는 사람들도 있겠지만, 이런 재능거래 사이트가 몇 년 전부터 성행하고 있다는 것만 보더라도 대체로 만족하고 있음을 알 수 있습니다. 이런 사이트를 만든 사람들은 아마도 일 맡길 사람을 구하는 데 어려움을 겪었거나, 재능이 있음에도 일거리를 찾기 힘들었던 경험이 있었던 게 아닐까요? 아니면 양쪽 모두였을지도 모르고요.

예전에는 번역해줄 사람이 필요하면 여기저기서 번역가를 찾고, 이력서를 확인하고, 만나서 세부 사항을 조율하고, 계약서를 주고받은 후에야 일을 진행할 수 있었습니다. 과정이 복잡하고 시간도 오래 걸려 번거로웠지요. 게다가 구매자 입장에서는 상대의 번역 능력이 확실히 검증되지 않았으니 결과물이 오기 전까지 찜찜했을 겁니다. 하지만 이런 사이트에서는 기존 이용자들의 평가를 통해 작업하는 사람의 능력에 대한 최소한의 검증을 거쳤다고 할 수 있습니다. 번역가 입장에서도 더 많은 일거리를 받을 수 있고, 매번 자기소개를 하느라 진을 뺄 일도 없는 데다 비용을 미리 받지 않을 뿐 이미 결제는 되어 있으므로 돈을 떼일 일도 없지요. 또한 양쪽 모두 서로 만나서 조율하고 계약서를 쓰는 등의 번거로움을 피할 수 있으니 만족도가 올라갑니다.

일반적으로 이런 사이트들은 비용의 15~20퍼센트 정도를 수수료로 받는데, 과하다는 말도 있지만 이용자는 늘고 있는 추세입니다. 그러니 구매자와 판매자를 직접 구하고, 번거로운 조건 조율과 계약을 진행하는 과정을 생략하는 것에 대한 비용으로 그 정도는 감수하는 것이라 볼 수 있겠지요. 그런 의미에서는 구매자와 판매자, 플랫폼 소유자 모두 만족스러운 상황이 아닐까요?

——— 당신의 유튜브도 사람들이 모이는 장이 될 수 있습니다 ———

플랫폼 재테크에서 가장 중요한 것은 역시 사람을 모으는 일입니다. 어쩌면 '플랫폼에 사람이 모이는' 게 아니라, '사람이 모이면 플랫폼이 생겨난다'고 하는 게 맞을지도 모릅니다.

앞서 저는 아직 제가 유튜브를 통한 플랫폼 재테크를 하고 있지는 않다고 말했습니다. 이어서 지금이라도 마음만 먹으면 할 수는 있다고도 했지요. 사실 처음부터 플랫폼을 만들겠다는 의지를 가지고 유튜브를 시작한 건 아니라서 조금 더 준비를 하는 중이기도 합니다. 그럼에도 제 이야기를 예시로 들고자 하는 것은, '사람이 모이면 한 개인의 유튜브가 어떻게 플랫폼으로 바뀔 수 있는가'를 보여드리기 위함입니다.

제가 운영 중인 블로그의 이웃과 페이스북 및 인스타그램 팔로워, 유튜브 구독자까지 합치면 40만 명에 달합니다. 중복되는 사람들을 제외해도 30만 명은 넘지요. 그중 유튜브는 구독자가 30만 명을 넘어섰는데, 언젠가부터 여러 기업으로부터 제안이 들어오기 시작했습니다. 수익 일부를 수수료로 줄 테니 유튜브에 자신들의 상품 구매 사이트 주소를 링크로 올려달라는 제안부터 상품 홍보 요청까지 제안의 종류도 다양하지요. 특히 제가 부동산 관련 영상을 많이 올리다 보니 신축 아파트나 오피스텔 측에서도 제안이 옵니다. 분양이 되도록 유튜브에서 홍보를 해주면 수수료를 주겠다는 것이지요.

만약 제가 이를 수락해 영상 하단에 링크 하나 걸고 짧게 홍보만 좀 해주면 거래는 양쪽이 알아서 하고 저는 수수료를 받게 될 테니 제 유튜브 채널이 플랫폼이 됩니다. 그러나 저는 아직 이를 수락하지 않았습니다. 돈이 되지 않아서 안 하는 게 아닙니다. 아마 돈이라면 지금 유튜브 영상으로 벌어들이는 광고 수익보다 그런 제안을 통해 벌 수 있는 수익이 몇 배는 될 겁니다. 다만 부동산에 대한 지식과 인생 2막을 대비하는 방법 및 마인드를 배우고자 제 채널을 찾는 구독자들을 배신하는 행위처럼 느껴지기 때문입니다.

유튜브를 플랫폼으로 활용하는 또 다른 방법은 구독자와 전문가를 연결시켜주는 것입니다. 예를 들어, 제게는 부동산 지식과 정보를 얻고자 하는 30만 명의 유튜브 구독자가 있습니다. 또한 제 주변에는 수많은 부동산 전문가도 있지요. 그런데 이 전문가들은 저와 달리 대부분이 유튜브나 블로그, SNS 어떤 것도 확실히 활용하지 못하고 있습니다.

이런 상황에서 제가 유튜브를 이용해 양쪽을 연결해준다면 어떻게 될까요? 이를테면 그런 전문가들을 초빙해 강의를 만들고, 유튜브 구독자들을 대상으로 홍보하는 식으로요. 그럼 아마 금방 수강생이 가득 찰 것이고, 저는 가운데서 수수료를 챙길 수 있을 겁니다. 이렇듯 '플랫폼을 만들겠다'는 의도로 시작한 게 아니었다 해도 유튜브나 SNS에 사람이 모이면 플랫폼이 형성되기도 합니다.

5장

5단계: 선한 영향력 재테크

함께
성공하고
성장하는 힘

진정한 행복은
돈만으로 이루어지지 않습니다 ———

만약 플랫폼 재테크까지 이루었다면 정말 축하할 일입니다. 남은 인생 2막에 어지간한 일이 생긴다 한들 적어도 경제적인 문제를 겪지는 않을 테니까요. 경제적 자유의 가치를 누구보다 잘 알기에 박수를 쳐드리고 싶습니다.

하지만 여기서 끝이 아닙니다. 우리가 지금 이야기를 나누고 있는 재테크는 바로 '행복 재테크 5단계'이기 때문이지요. 여기서 가장 중요한 것은 재테크도, 5단계도 아닌 '행복'입니다. 지금 이렇게 책을 읽고 노력하는 것도 결국은 행복하게 살고 싶어서일 테니까요.

1~4단계가 행복한 인생 2막을 위한 기본기라면 마지막 5단계, '선한 영향력 재테크'야말로 행복 재테크의 '완성'이라 할 수 있지요. 1~4단계가 돈이 없어서 겪게 될 '불행을 막기 위한 안전장치'라면, 5단계는 '행복을 가져오는 부적'인 셈입니다.

그런데 왜 행복 재테크의 완성이 선한 영향력 재테크일까요? 이는 제가 평탄하지만은 않았던 인생을 통해 깨닫게 된 점인데, 진정한 행복은 '이타적인 삶'에서 온다는 사실입니다. 사회에 기여할 때, 세상에 도움이 되는 나의 역할을 찾아서 베풀 때 진정으로 행복해집니다. 실제로 제가 가장 행복한 순간이 언제인가를 떠올려보면 돈을 벌었을 때가 아니라 나로 인해 내담자들의 삶이 더 행복해질 때입니다.

경제적인 자유는 나 자신의 삶을 풍요롭게 합니다. 하지만 사람은 세상 속에서, 사람들과 부대끼며 살아가는 존재입니다. 나 혼자만의 행복은 한계가 있게 마련이지요. 내가 아무리 행복해도 내 주위 사람이 불행하면 나 또한 영원히 행복할 수는 없을 것입니다. 가족이 불행을 겪는다면, 친구와 지인들이 하나같이 힘든 삶을 살고 있다면 과연 나는 행복할 수 있을까요?

그래서 사람에게는 더 큰 목표, 나 혼자만이 아닌 타인의 행복까지 생각하는 이타적인 목표가 필요합니다. 경제적인 자유는 이를 위한 최소한의 안전장치이자 기본기인 셈이지요. 그리고 그런 이타적인 삶이야말로 단순한 '목표'를 넘어 진정으로 이루어야 할 '삶의 목적'이 되어줄 수 있습니다. '개인'을 넘어 '사회'로, '물질'을 넘어 '영혼'으로, 그렇게 목표의 크기와 깊이가 확장되고 깊어지기 때문이지요.

돈은 많지만 주변에 사람도 모이지 않고 혼자 외롭게 늙어가는 사람과 재산이 좀 적더라도 주위에 사람들이 모여들고 그들에게 존경받는 사람, 어느 쪽이 더 행복할까요? 쉽게 말해 돈만 많고 존경받지 못하는 '나이만 어른'인 사람과, 누구에게나 존경받는 '진짜 어른' 중 어느 쪽이 되고 싶은지 묻는 것입니다. '진짜 어른'은 자기만 생각하지 않습니다. 내가 가진 것이 있다면 베풀 줄도 아는 사람, 다른 사람에게 기꺼이 손을 내밀고 도움을 주는 사람이 진짜 어른이지요. 우리는 진짜 어른이 되어야만 합니다.

또한, 점점 이타적인 사람과 기업이 인정받는 분위기인 만큼 베풀고 공유하는 행위가 결국에는 내게 이득이 되어 돌아오기도 합니다. 제 자랑을 좀 하자면, 국가기관에서도 강의나 협업 요청이 많이 들어옵니다. 그런데 저보다 더 큰 실적을 올리고 있는 부동산 전문가가 많은데도 저에게 제안을 한 이유가 재미있습니다. '부동산 콘텐츠를 다루는 사람들 중 가장 진실해 보여서' 또는 '사람들의 성공을 돕고 싶어 하는 모습에서 진정성이 느껴져서' 저에게 제안을 하는 거라고 하더군요. 물론 국가기관이라고 해서 무료로 봉사

해달라고 제안하지는 않습니다. 적절한 비용과 함께 제안을 해오지요. 그러니 돈이 없어서 불행해지는 사람이 없었으면 좋겠다는 저의 진심과 이타적인 목표가 제게는 수익으로 돌아오기도 하는 것입니다.

이처럼 '돈만 많고 이기적인 사람'이 아니라 '함께 나눌 줄 아는, 마음까지 부자인 사람'이 되는 것을 목표로 해야 우리는 더 많은 것을 얻을 수 있고, 더 행복해질 수 있습니다.

─── 5단계 선한 영향력 재테크에서 반드시 갖춰야 할 세 가지 역량 ───

최소한 세 가지 역량이 뒷받침되어야 선한 영향력 재테크에 성공할 수 있습니다. 바로 진정성과 사랑, 코칭 및 컨설팅 능력, 소통과 상담 능력이 그 세 가지입니다.

첫째, 진정성과 사랑을 갖춰야 합니다. 선한 영향력 재테크야말로 행복 재테크 5단계 중 어쩌면 가장 힘든 단계인지도 모릅니다. 내가 가진 것, 내가 이룬 것들을 사심 없이 누군가와 나누어야 하는 것이니까요. 하지만 진정성과 사랑이 있다면, 그 어떤 일보다 쉬운 일이기도 합니다. 그리고 이 둘은 일맥상통하기도 하지요. 내가 사명을 갖고 도와야 하는 고객을 사랑하게 되면 진정성 있는 태도가 뒤따를 수밖에 없으니까요.

처음 컨설팅을 시작했을 때, 저는 고객을 '내게 노하우를 제공받고 돈을 지불하는 사람'으로 봤습니다. 즉, 당시의 제게 있어 고객은 곧 돈이었지요. 그때는 돈이 곧 행복이라 여기던 시기였으니까요. 하지만 경제적인 안정을 찾은 후로는 돈을 더 벌어도 그다지 행복하지 않았습니다. 그러던 중 50대를 눈앞에 두고 보니 삶의 목적을 생각해볼 수밖에 없었습니다. 그리고 '예전의 나처럼 돈이 없어서 불행해지는 사람이 없도록 한다'는 삶의 목적을 찾아낼 수 있었지요.

아마 그때부터였을 겁니다. 고객 한 명 한 명이 '행복한 미래를 찾아줘야 할 사람'으로 보이기 시작했지요. 진정으로 고객을 사랑하고 고객들이 제게 더 마음을 터놓은 것도, 컨설팅과 강의 평가가 더 좋아진 것도, 앞서 말한 여러 제안이 들어온 것도, 유튜브의 구독자가 급증한 것도 이때부터였습니다. 그러니 우리는 고객을, 나아가 삶의 목적에 부합하는 사람들을 사랑해야 합니다.

그다음 갖춰야 하는 것은 코칭 및 컨설팅 능력 그리고 소통과 상담 능력으로, 이것들은 좀 더 기술적인 문제에 가깝습니다. 앞서 말한 '진정성과 사랑'이 뒷받침되어야만 이 두 가지 기술이 선한 영향력을 행하는 데 있어 빛을 발할 수 있습니다. 즉, 진정성과 사랑이라는 '덕목'을 밑바탕으로 해야 코칭과 컨설팅, 소통과 상담이라는 '기술'이 선한 영향력을 퍼뜨리는 훌륭한 도구가 되는 것입니다.

공유하고 나눌수록
힘이 세집니다

다시 한번 고백하건대, 저 역시 아직 5단계인 선한 영향력 재테크까지 완전히 이루지는 못했습니다. 삶의 큰 목적이자 사명으로 삼아 부단히 이루어가는 과정 중에 있지요. 그리고 사실상 이 5단계는 어느 순간 완성되는 게 아니라 평생 계속해서 추구하고 달성해야 하는 과업과도 같습니다.

따라서 그 방향과 본질만큼은 같다고 생각합니다. 바로 내가 알고 있는 것, 깨달은 것을 공유함으로써 세상이 좀 더 나아지는 데 기여하는 것이지요. 여기서 '공유'야말로 선한 영향력 재테크의 핵심이라고 할 수 있습니다. 100이라는 지식과 노하우를 혼자 가지고 있다면, 그 지식은 100이 아니라 1로 끝입니다. 하지만 비록 가진 지식과 노하우가 1에 불과하더라도 이를 100명과 공유하면 이는 100만큼의 힘을 발휘합니다. 최소한 그럴 가능성이라도 내포하게 되지요. 만약 그 100명이 각각 다른 100명과 이를 공유한다면? 100 곱하기 100, 즉 1만의 힘을 발휘하게 될 것입니다. 하물며 100을 가진 사람이 100명과 공유하고, 이들이 다시 각각 100명과 공유하게 된다면? 아마도 그 영향력은 엄청날 것입니다.

그리고 마지막으로 또다시 강조하고 싶은 것이 있습니다. 바로 '건강'입니다. 몸의 건강을 챙기는 것이 0단계 재테크였다면, '마무리'는 마음의 건강을 챙기는 것입니다. 한마디로, 행복해져야 한다는 뜻입니다.

지금까지 5단계에 대해 숙지했다면, 이제부터는 당신이 경제적 자유의 주인공이 될 차례입니다. 이타적이고 더 큰 목표를 가지고 당신이 가진 것들을 공유하세요. 그 영향력이 널리 퍼져나가는 만큼 당신은 더 행복해질 것입니다.

오늘보다 내일 더 행복해지는
완벽한 방법

행복은 곧 선택입니다

"지금 행복하신가요?"

저는 이 질문을 사람들에게 곧잘 합니다. 그런데 안타깝게
도 행복하다고 하는 분을 거의 못 봤지요.

"언제 행복하세요?"

이 질문은 앞의 질문과 거의 세트처럼 자주 던지는데, 놀랍
게도 대답을 하지 못하는 분들이 꽤 많습니다. "글쎄요"라거
나 "잘 모르겠어요"라는 답이 얼마나 많이 나오는지 알면 여
러분도 놀랄 겁니다. 바쁘고 고단한 삶이 이어지다 보니 내가
언제 행복한지조차 잊고 사는 걸까요?

그런 분들을 볼 때마다 저는 행복해지는 방법을 알려드립니다. 그리고 다음에 만났을 때 같은 질문을 던지면 대부분은 "네, 전보다 행복해졌어요"라고 답을 합니다.

방법은 아주 간단합니다. '나만의 소확행'이 무엇인지 적어보는 것이지요.

'소확행'이란 '소소하지만 확실한 행복'의 줄임말입니다. 아주 작지만 나에게 확실한 행복을 주는 것들을 뜻하지요.

저는 예쁜 펜이나 메모지를 수집하는 것을 좋아합니다. 산책하는 것도 좋아하고, 북카페에서 조용히 커피를 한잔하면서 책 읽는 것도 아주 좋아하지요. 물론 돈은 말할 것도 없겠지요? 그 외에도 유튜브 영상을 만드는 것은 물론 보는 것도 다 좋아하고, 맛있는 음식 먹는 걸 좋아하며, 강아지와 예쁜 동물들을 좋아합니다. 취미 삼아 캘리그라피를 하는 것도 좋아하고, 한적한 도로에서 드라이브하는 것도 즐깁니다.

이렇듯 크건 작건 제게 확실한 행복들을 주는 것들은 많습니다. 제가 수집한 펜이나 메모지 등은 책상 위에 놓여 있어 하루에도 수십 번을 보게 되는데, 그때마다 기분이 좋아집니다. 또한 북카페를 좋아하다 보니 예쁘고 조용한 북카페를 '발굴'하듯이 찾아다니는 것도 재미있지요.

당신에게도 이런 소확행이 있을 겁니다. 만약 당장 생각이 나지 않는다면 눈을 좀 낮춰보세요. '소소한' 일에 집중하는 것이지요. 그럼 아마도 많은 것들이 떠오를 겁니다. 이것들을 노트에 적어보세요. 이때는 구체적으로 적는 것이 좋습니다. 제 경우 '수집'하는 것을 좋아하기 때문에 어떤 것들을 수집하는지 하나하나 적었습니다. 메모지, 노트, 스티커, 펜 등이 있지요. 산책 하나만 해도 제가 좋아하는 산책로들을 빠짐없이 적습니다. 그리고 그렇게 적어둔 종이를 눈에 잘 띄는 곳에 두고 매일 생각합니다.

"오늘은 어떤 행복을 누려볼까?"

'소소한' 것들이니 부담 없이 할 수 있으면서도 '확실한' 것이라 분명 행복이 뒤따를 겁니다. 심지어 행복을 '선택'할 수 있지요. 어떤가요? 무척 간단하지 않은가요?

본래 행복이라는 것이 그렇습니다. 행복 심리학자, 서은국 교수는 『행복의 기원』(서은국 저/21세기북스/2014)에서 '행복이란 강도가 아니라 빈도'라고 주장합니다. 얼마나 '큰' 행복인가가 중요한 것이 아니라 얼마나 '자주' 행복한지가 중요하다는 것이지요. 그러니 지금 당장 '나를 행복하게 하는 것들'을 구체적으로 적고, 선택한 후 지금 당장 실천해보세요. 행복은 찾아오기를 기다려야 할 대상이 아니라 직접 찾아내고 선택해야 하는 것입니다.

내가 믿는 것이
곧 현실이 됩니다

⌐ 오늘은 어제까지의 삶을
 보여주는 결과입니다

안타까운 이야기지만, 이 책을 읽고 있다면 아마도 지금 행복하지 않을 가능성이 높을 것 같습니다. 아니면 당장은 문제가 없더라도 내일이 걱정되는 사람일 수도 있겠지요. 특히 당신이 중년층이라면, 그것도 퇴직을 앞두고 있다면 걱정으로 밤잠을 설치고 있을지도 모릅니다.

하지만 어느 경우건 너무 걱정할 필요는 없습니다. 만약 지금이 불행하거나 불안하다면 그건 어제까지의 삶에 대한 결과, 즉 과거의 결과일 뿐입니다. 그러니 앞으로 다가올 미래는 지금부터 어떻게 살아가느냐에 따라 달라지겠지요. 지금 불행하다 해도 내일은 달라질 수 있다는 뜻이니 희망을 가지기에 충분하지 않을까요?

여기에는 강력한 믿음이 필요합니다.

"내가 믿는 것이 곧 현실이 된다."

물론 이런 믿음이 위험한 경우도 있습니다. 예를 들어, 내담자 중에 "전 어차피 안 될 것 같은데요"라는 말을 입버릇처럼 하는 분이 있었습니다. 그분은 꽤 오랜 시간 컨설팅을 진행했는데, 거의 1년 가까이 별다른 소득이 없었습니다. 저는 그게 그분의 믿음, '나는 어차피 안 된다'는 역방향 믿음 때문이었다고 봅니다. 이분의 생각을 바꾸기 위해 무던히도 애썼는데, 아주 작지만 만족할 만한 성과를 보인 후에야 조금씩 긍정적으로 바뀌었지요. 그리고 그때부터는 그야말로 승승장구, 탄탄대로였습니다. 부정적인 믿음으로 가득했을 때는 부정적인 결과밖에 없었지만, 긍정적인 믿음을 가진 후로는 긍정적인 결과를 얻게 된 것이지요.

생각을 바꾸기란 쉽지 않습니다. 40년 이상을 살아온 사람이라면 더더욱 그렇겠지요. 하지만 지금 삶이 불행하다면, 또는 내일 불행해질 것이 두렵다면, 그건 생각과 믿음에 변화가 필요하다는 증거입니다.

한때 제게는 '돈이란 살아가는 데 필요한 만큼만 있으면 되는 것'이라는 믿음이 있었습니다. 여기에는 '돈이란 사람의 영혼을 타락시키는 독'이라는 근거 없는 믿음이 깔려 있었지요. 당시에는 몰랐지만, 돌이켜보면 제가 힘겨운 시기를 보낸 것은 그런 잘못된 믿음 때문이었다고 봅니다.

실제로 '돈은 중요하고 가치 있는 것'이라는 믿음이 생기고, 나아가 '나도 부자가 될 수 있다'는 믿음을 가진 이후로 제 삶은 달라지기 시작했지요. 돈을 벌 방법이 보이기 시작했고, 부(富)의 길로 접어들었으며, 또한 돈을 가치 있게 쓰는 방법을 알게 됐으니까요. '행복 재테크 5단계'의 마지막인 '선한 영향력 재테크' 또한 이런 믿음, 돈이란 가치 있는 것이라는 믿음에서 생겨난 것입니다. 이 믿음 역시 저를 배신하지 않고 점차 힘을 얻어가고 있지요.

오늘 나를 괴롭히는 것들이 내일도 나를 괴롭히도록 놔둔다면 그건 자신의 잘못입니다. 명심하세요. 지금 힘들다면, 내일부터는 행복해지고 싶다면, 그건 지금 달라져야 한다는 의미임을요.

그럼 이제 변화의 첫걸음을 뗀 당신을 응원하겠습니다. 기꺼이 행복해지세요.

2019년 11월
가을의 어느 멋진 날
단희쌤 이의상

인생 2막에
다시 시작하는 부자 수업

마흔의 돈 공부

초판 1쇄 발행 2019년 11월 11일
초판 4쇄 발행 2020년 2월 24일

지은이 단희쌤 (이의상)
펴낸이 김선식

경영총괄 김은영
책임편집 김다혜 디자인 김누 책임마케터 최혜령, 박태준
콘텐츠개발5팀장 박현미 콘텐츠개발5팀 봉선미, 김누, 김다혜
마케팅본부장 이주화
채널마케팅 최혜령, 권장규, 이고은, 박태준, 박지수, 기명리
미디어홍보팀 정명찬, 최두영, 허지호, 김은지, 박재연, 배시영
저작권팀 한승빈, 이시은
경영관리본부 허대우, 하미선, 박상민, 윤이경, 권송이, 김재경, 최완규, 이우철
외부스태프 편집 변민아, 부록 디자인 소소연

펴낸곳 다산북스 출판등록 2005년 12월 23일 제313-2005-00277호
주소 경기도 파주시 회동길 357 3층
전화 02-704-1724
팩스 02-703-2219 이메일 dasanbooks@dasanbooks.com
홈페이지 www.dasanbooks.com 블로그 blog.naver.com/dasan_books
종이 (주)한솔피앤에스 출력·인쇄 민언프린텍

ISBN 979-11-306-2716-8 (03320)

다산북스(DASANBOOKS)는 독자 여러분의 책에 관한 아이디어와 원고 투고를 기쁜 마음으로 기다리고 있습니다.
책 출간을 원하는 아이디어가 있으신 분은 다산북스 홈페이지 '투고원고'란으로 간단한 개요와 취지, 연락처 등을 보
내주세요. 머뭇거리지 말고 문을 두드리세요.